KB214802

죽음 사회 너머

죽음 사회   너머

거룩한
노년을 위한
기독교
생사학

김성민

뜰힘

우리는 죽음이 제거된 사회를 살아가고 있다. 불과 한 세대 전만 해도 근조등이 달린 상갓집을 동네에서 쉽게 마주쳤고, 염을 마친 주검을 모신 채 상을 치르곤 했다. 요즘은 많은 경우 중환자실에서 임종을 한 이를 병원 안치실 냉동고에 모시기에, 돌아가신 분의 시신을 입관시에나 잠시 뵐 수 있다. 그래서 가까운 이의 주검을 거의 보지 못한다. 반면 영화와 드라마에서는 죽음이 폭력의 난무와 연결되어 그려져 있다. 또한 한국 사회의 자살률은 세계 최고 자리를 꿰찬 지 오래다. 많은 이가 타자화되고 오락 거리가 된 죽음에 내몰리는 아이러니한 상황이다. 이 책은 우리 사회가 당면한 죽음의 현주소를 살펴며, 성경이 말하는 죽음에 관해 논한다. 그리고 구체적으로 죽음을 준비하도록 안내한다. 참 반가운 책이다. 특별히 준비된 죽음을 맞이하기 위해 선행되어야 할 생의 이야기를 잘 펼쳐 놓은 것도 인상적이다. 준비되지 않은 죽음은 황망하고 허무하나, 준비된 죽음은 아름답고 장엄할 수 있다는 사실을 보여 주는 책이다.

김형국 하나님나라복음DNA네트워크 대표목사

폴 투르니에의 말대로 인간은 '본질적으로 죽음에 이르는 존재'입니다. 그런데도 우리 사회는 죽음을 볼드모트처럼 입에 올려서는 안 되는 금기로 여기며 교회도 예외는 아니죠. 생사학, 자살론, 노년학 등의 핵심을 신앙의 토대에서 풀어낸 김성민 목사님의 『죽음 사회 너머』가 반가운 까닭입니다. 엘리자베스 퀴블러 로스는 '죽어 가는 것과 죽음dying and death'을 '성장의 최종 단계'라고 불렀는데 본서가 그 이유와 비결을 안내하리라 기대합니다. 바라기는 시몬 베유의 "진리를 사랑한다는 것은 빈자리를 견뎌내는 것, 따라서 죽음을 받아들이는 것을 의미한다. 진리는 죽음과 같은 곳에 있다"는 선포에 부디 아멘으로 화답하는 우리가 되기를.

박총 『욕쟁이 예수』, 『읽기의 말들』 저자

근대 과학 기술은 편리함을 제공하는 대신 하나님 없이 지상에 낙원을 건설할 수 있다는 환상을 인간에게 심어 주었고, 현대 의학은 더 긴 수명과 건강을 제공하는 대신 죽음을 맞이하는 인간을 공포, 불안, 고독 속에 홀로 던져 놓았다. 기후 위기와 팬데믹이 인간의 오만함에 경종을 울리는 지금, 우리는 죽음에 대해 다시 생각하고 삶의 아름다운 마무리를 준비해야 한다. 목회자이자 생사학 전공자인 저자는 성직자로서의 신념과 개인적 체험, 생사학 분야의 지식과 죽음 준비 교육 활동의 임상을 잘 정리하여 이 책에 차곡차곡 담았다. 특히 아름다운 삶의 마무리를 준비하기 위한 5장과 인생의 서사 쓰기를 위한 지침이 담겨 있는 부록은 기독교인이 아니라도 꼭 읽어 보기를 권한다.

장태순 한림대학교 생사학연구소 교수

목차

프롤로그

4년 전 겨울, 아버지가 돌아가셨다. 나는 아버지의 생명 활동이 서서히 그리고 완전히 멈추는 것을 곁에서 지켜보았다. 그 이후로 죽음에 관한 생각이 많아졌다. 육체의 기능이 정지되는 현상을 죽음이라고 일컫는 것일까? 죽게 되면 인간의 삶은 마무리되는 것일까? 아버지는 돌아가시기 전 6개월가량 경북대학교병원 분리 병동에서 홀로 지내셨다. 따로 간병인을 부르지 않고 둘째 형님이 주로 곁에서 돌보아 드렸고 나는 간간히 휴가를 내서 아버지 곁을 지켰다. 아버지는 누군가가 대신 거들어 주지 않으면 식사뿐 아니라 대소변도 해결하실 수 없었다. 아버지를 간병하면서 가장 힘들었던 것은 아버지와 대화할 수 없는 현실이었다. 말할 기운도 없으셨는지 아버지는 자식들이 하는 말에 아무런 대꾸도 하지 않으셨다. 이런 모습을 지켜보면서 과연 아버지가 살아 있다고 말할 수 있는 것일까, 하는 생각이 들었다. 그래도 나는 아버지가 건강하셨을 때 했던 말들과 삶의 이야기를 되살려

잠잠히 누워 계시는 아버지에게 말을 걸었다. 그리고 일방적인 대화의 끝에는 혹시나 못 들으실까 봐 아버지에게 큰 소리로 수고하셨다고, 우리를 잘 키우셨다고, 그 험난한 세월 잘 사셨다고, 사랑한다고, 귀 가까이 대고 외쳤다. 조금 더 건강하셔서 충분한 대화가 가능할 때 서로의 감정을 교감하며 삶의 이야기를 나누었다면 더 좋았을 걸, 하는 아쉬움이 컸다.

그로부터 3년 후 어머니가 돌아가셨다. 어머니는 오랫동안 병치레가 많았고 요양 병원과 요양원을 오가며 지내셨다. 어머니는 아버지와 다르게 치매가 점점 깊어지면서 자식과의 대화가 거의 불가능한 몸 상태가 되셨다. 어머니를 뵐 때마다 정신이 온전하실 때 찬송을 부르며 간절하게 기도하는 모습, 성경 말씀으로 우리를 권면하는 목소리가 떠올라 마음이 아팠다. 인지 능력이 부족한 상황에서 그동안 지켜 온 신앙이 어떤 의미를 갖는지 의문이 들었다. 치매에 걸린 그리스도인들은 임종의 순간에 하나님의 존재와 구원을 어떻게 이해하고 받아들이고 있는 것일까? 도대체 죽음은 무엇일까? 그 죽음은 우리에게 무슨 짓을 하고 있단 말인가!

죽음은 우리에게 너무나 많은 것을 앗아 간다. 단지 육체의 기능이 멈출 뿐만 아니라 그동안 살아온 한 인간의 존재가 사라지며 세상 속 모든 관계가 멈춘다. 한 개인의 죽음이지만 가족과 공동체는 한 지체가 떨어져 나가는 상실의 아픔을 경험한다. 이뿐만 아니다. 죽음으로 인해 파생되는 문화는 우리가 살면서 맺는 모든 관계를 왜곡시키고 갈등과 소외를 만들어 낸다. 명망 있고 부유한 사람들의 죽음이 자녀들의 관계를 갈기갈기 찢어 놓기도 하고, 그렇지 않은 보통 사람들의 죽음 또한 사랑을 주고받으며 살아 온 사람들의 마음에 생채기를 내기도 한다. 그리고 죽음은 고통 가운데 살아가는 사회의 주변인들을 더욱 구석으로 몰아넣는다. 어떤 경우는 전혀 기억할 가치도 없는 존재인 것마냥 취급을 당하며 죽음의 의례마저도 치르지 못하도록 잊혀져 버린다.

하나님은 왜 이러한 죽음을 허락하셨을까? '허락'이라고 표현할 수밖에 없는 이유는 하나님이 부정한 것을 창조했을 리 없다고 믿는 교리적 신념이 강하게 작용하기 때문이다. 피조물인 인간의 잘못으로 인해 죽음이 들어왔다면 그 죽음은 도대체 어디에서 왔을까? 이러한 기독교 역사 속 오래된 물음을 이 시대 사람들은 줄곧 회피하는 경향이 있다. 의료 기술과 과학의 발달로 인해 죽음은 극복 가능한 대상이라는 신념이 생겨나며, 자본주의 사회는 더욱 그 가능성을 부추기고 있는 현실이다. 그로 인해 죽음은 회피하고 감추어져야 할 무엇이 되었다. 인간의 노쇠로 인한 질병은 어느 분야든 정복될 수 있다는 확신이 점점 강해지고 있다. 설령 사고로 인해 신체 일부가 훼손되더라도 대체할 수 있는 보조 기구들이 아주 정교하게 만들어지고 있어서 걱정할 필요가 없다고 생각한다. 죽음이 임박했다고 하더라도 대부분의 돌봄은 의료 시설이 대신하고 있고 장례 절차마저도 편리하게 상조회나 장례 회사에서 대행하고 있다. 이렇듯 외주화된 돌봄과 상업화된 장례는 죽음을 우리의 삶의 뒤편으로 숨겨 버렸다.

교회 안에서도 죽음을 기피하는 현상이 벌어지고 있다. 설교의 메시지와 신앙 교육은 죽음보다는 이 땅에서의 세속적 복을 누리는 내용으로 가득 차 있다. 부, 명예, 자녀들의 출세, 무병장수가 신앙생활의 목적이며, 그것들을 하나님의 축복을 받은 증거로 여기는 문화가 형성되었다. 이런 환경에서 죽음을 이야기하는 것은 불신앙으로 치부된다. 문제는 죽음을 회피할수록 역설적으로 생명이 감춰지고 오히려 죽음의 문화가 확산되는 결과를 낳는다는 것이다.

우리는 더 이상 죽음을 무시하거나 회피할 수 없다. 우리는 죽음과 함께 살아가고 있기 때문이다. 이제 죽음을 편하게 이야기하면 좋겠다. 불편한 대상을 피할수록 진실은 멀어진다. 우리는 죽음을 직면해야 한다. 더 나아가 의도적으로 죽음의 진실을 파헤쳐야 한다. 성경의 가르침을 자세히 살펴보면 죽음이 부정적 기능만을 하지 않는다는 것을 발견할 수 있다. 기독교의 핵심은 생명이며 부활이다. 하지만 죽음을 모른 채 생명을 제대로 누릴 수 없고 영원한 생명인 부활을 소망할 수 없다. 세상이 감추려고 하는 죽음을 알면 알수록 역으로 우리는 하나님이 원래 의도했던 생명의 비밀을 알 수 있다. 그리고 생명을 주시기 위해 하나님이 어떤 일을 하셨는지를 깨닫고 이미 주어진 생명의 풍성함을 누리는 법을 발견하게 될 것이다.

1장

생명이 충만한 원시 공동체

천사는 또, 수정과 같이 빛나는 생명수의 강을 내게 보여 주었습니다.

그 강은 하나님의 보좌와 어린 양의 보좌로부터 흘러 나와서,

도시의 넓은 거리 한가운데를 흘렀습니다.

강 양쪽에는 열두 종류의 열매를 맺는 생명나무가 있어서,

달마다 열매를 내고, 그 나뭇잎은 민족들을 치료하는 데 쓰입니다.

요한계시록 22:1-2

생명의 의미

하나님과 온전한 관계

생명의 기원은 하나님이다. 하나님이 말씀으로 천지와 만물을 창조하실 때 생명이 시작되었다. 하나님은 말씀으로 만물을 존재하게 하셨다. 존재할 것을 말씀하였더니 그 존재가 나타나게 되었다. 모든 존재하는 것은 하나님으로부터 생명을 얻게 되었다. 요한복음은 이렇게 선언한다.

> 태초에 '말씀'이 계셨다. 그 말씀은 하나님과 함께 계셨다. 그 말씀은 하나님이셨다. 그는 태초에 하나님과 함께 계셨다. 모든 것이 그로 말미암아 창조되었으니, 그가 없이 창조된 것은 하나도 없다. 창조된 것은 그에게서 생명을 얻었으니, 그 생명은 사람의 빛이었다.
> 요한복음 1:1-4, 새번역

하나님은 말씀으로 천지를 창조하셨는데, 그 말씀이 곧 하나님 자신이라고 증언한다. 이 세상의 근원이 하나님이며 모든 피조물 속에 하나님의 생명이 깃들어 있다는 뜻이다. 우리는 보통 생명체를 단지 활동적 기능을 하는 존재로서만 규정하려고 한다. 태어나고, 움직이고, 성장하고, 숨 쉬고, 먹고, 배설하는 물리적 몸의 기능에 한정하여 생명체라고 생각한다. 하지만 생명의 근원인 하나님으로부터 창조된 모든 것을 넓은 의미에서 생명체라고 말할 수 있다. 원시 시대에는 이동이 자유로운 인간과 동물, 한자리에서 성장하는 식물, 그리고 이들의 생존을 돕는 땅과 바다와 하늘, 이 모든 것이 하나님의 생명으로 가득 차 있었다. 하나님은 생명 활동의 성소로 에덴동산을 만드시고 하나님의 생명이 항상 충만하게 작용하도록 인간을 생명의 전달자로 세우셨다. 인간은 세상과 하나님을 매개하는 제사장인 셈이다.

인간은 만물 가운데 하나님이 직접 손으로 지으신 창조물이다. 토기장이처럼 흙을 이겨서 하나님 자신의 형상과 모양을 닮은꼴로 빚으셨다. 손으로 오물조물 만지시며 자신의 모양대로 만들어 가는 과정에서 하나님의 마음은 어떠했을까? 하나님은 그 모양의 코에 자신의 호흡을 불어넣으셨다. 그러자 그 형체는 하나님을 닮은 존재인 인간이 되었다. 하나님의 호흡은 흙으로 만든 인간을 살아 있는 생명체로만 만든 것이 아니었다. 하나님의 호흡으로 인해 오직 인간만이 영으로 하나님과 소통할 수 있는 존재가 되었다. 영이 소통될 때 비로소 인간은 생명을 누리며 하나님을 닮아 간다.

　하나님이 만드신 인간 몸의 구조는 심히 경이롭다. 기본 단위인 세포는 조직과 기관계를 구성한다. 우리 몸의 세포는 30조 개에 달한다. 생명 기능을 수행하도록 구성된 기관계는 골격, 근육, 순환, 호흡, 소화, 신경, 피부, 비뇨기, 생식, 내분비로 이루어져 있다. 인체의 성분은 산소, 탄소, 수소, 질소, 칼슘, 인, 칼륨으로 이루어져 있고 그중 산소가 25.5%로 가장 많고 그다음으로는 탄소가 9.5%, 수소가 6.3%다. 우리 몸의 전체 골격이라 할 수 있는 뼈와 그 뼈를 유연하게 움직이게 하는 근육이 있어서 활동을 할 수 있다. 또한 몸에 에너지를 공급하는 음식을 소화하는 기관은 입, 식도, 위, 창자, 항문으로 서로 연결되어 있다. 호흡 기관은 코, 기관, 기관지, 폐로 이루어져 있어서 코로 들이마신 산소를 혈액에 녹여 몸 전체에 전달하고 몸속의 불필요한 이산화탄소는 배출한다. 이러한 혈액을 혈관을 통해 흐르게 하는 것이 심장이다. 심장은 동맥을 통해 혈액을 내보내고 정맥을 통해 혈액을 들어오게 한다. 뇌는 몸의 움직임을 관장하고 신체의 기관들이 정상적인 활동을 하도록 유지시킨다. 뇌는 신경 세포가 하나의 덩어리를 이루고 중추 신경계를 관장하고 있어서 외부의 자극을 인지하고 감정과 기억, 학습을 담당한다. 이런 기능을 담당하기 위해 대뇌 피질에만 약 100억 개의 신경 세포가 존재한다.

　하나님은 피조물의 이성으로는 도저히 해석할 수 없는 신비한 솜씨를 발휘하셨다. 아무리 과학이 풀지 못할 과제가 없다고 하지만 인간의 생명을 창조하는 일은 불가능할 것이다. 그 이유는 인간의 몸은 단순히 신체만으로 구성되어 있지 않고 영혼까지 포함하는 전인全人이기 때문이다. 신체의 기능을 넘어서 자신의 몸이 타인과 연결되어 있다는 것을 느끼고 공동체 속에서 평안(샬롬)을 경험하는 것은 오직 하나님이 인간에게 부여한 하나님 형상을 가진 존재의 특성이다. 하나님은 자신이 창조한 모든 생명체가 그분의 영광을 나타내는 것을 기뻐하셨으며, 그것은 곧 창조의 목적이었다. 그 중심에 인간의 존재가 자리하고 있었다.

하나님이 지으신 그 모든 것을 보시니 보시기에 심히 좋았더라….
창세기 1:31

해와 달아 그를 찬양하며 밝은 별들아 다 그를 찬양할지어다. 하늘의 하늘도 그를 찬양하며 하늘 위에 있는 물들도 그를 찬양할지어다. 그것들이 여호와의 이름을 찬양함은 그가 명령하시므로 지음을 받았음이로다.
시편 148:3-5

하나님은 인간에게 자신의 대리자로 모든 피조물에 생명의 호흡을 전하여 개별 존재가 자신의 빛을 발하도록 돌보고 가꾸는 역할을 부여하셨다. 하나님은 인간을 중심으로 모든 피조물이 자신의 모양대로 빛을 발휘할 때 창조의 기쁨을 누리셨다.

또한 하나님은 자신의 형상을 닮은 인간이 스스로 생명을 탄생시킬 수 있도록 남자와 여자로 만드셔서 한 몸을 이루게 하셨다. 우리가 하나님의 본성을 명확하게 알 수는 없지만, 성경을 통해서 추론할 수 있는 것은 하나님이 공동체로 존재한다는 것이다. 하나님은 단일한 인격이 아니라 성부, 성자, 성령의 세 인격이 한 몸을 이루는 신비한 존재다. 세 인격이 한 몸을 이루는 신비한 역동으로 인해 우리는 하나님의 성품이 사랑이라는 진리를 깨달을 수 있다. 그러므로 남자와 여자의 각기 다른 두 인격이 하나가 되는 역동 또한 하나님의 성품인 사랑을 닮았다. 그 사랑으로 인해 인간은 새로운 생명을 탄생시킨다. 인간이 남자와 여자로 한 몸이 되는 사랑의 관계는 넓게는 모든 인간이 함께 살아가는 사회까지 확대된다. 내가 아닌 타자들도 하나님의 형상을 닮은 존재로서 서로 사랑의 책임을 지닌 존재들이다. 피부색, 성, 나이, 신체 조건, 지위, 신분 등 다른 것으로 차별하지 않고 오히려 다름, 그 자체가 사랑해야 할 근거가 되고 생명이 가득한 공동체를 이루어 갈 여건이 된다. 그래서 우리가 상처를 입거나 고통을 겪을 때는 그 무엇보다도 하나님으로부터 오는 사랑이 회복과 치유의 가장 효력 있는 수단이 된다. 인간의 타락으로 인해 인간과 피조물이 파멸 상태에 이르렀을 때도 하나님의 사랑은 이 세상을 아무런 대가 없이 구원하시는 근거가 되었다. 사랑이 분노보다 더 강하다는 것을 보여 주셨다.

하나님이 세상을 이처럼 사랑하사 독생자를 주셨으니 이는 그를 믿는 자마다 멸망하지 않고 영생을 얻게 하려 하심이라.

요한복음 3:16

그러므로 인간은 사랑하는 존재이며 사랑할 때 생명은 풍성해진다. 에덴동산에서 하나님과 사랑이 충만한 인간이 사랑의 행위로 가장 먼저 한 일은 하나님이 만드신 생명체에 이름을 짓는 일이었다. 이름을 갖는다는 것은 생명체들이 각자의 존엄한 인격과 독특한 성향을 지닌 가치 있는 존재가 되는 것을 의미한다. 이름이 있을 때 개별 생명체는 그 존재 가치를 인정받을 수 있는 자리가 생기고 권리를 갖는다. 무엇보다도 이름을 불러 줌으로써, 서로가 의미 있는 존재로서 친밀한 관계가 형성되고 생명 활동이 유지된다. 김춘수는 자신의 시, 「꽃」에서 이름을 불러 주는 행위의 의미를 잘 묘사하고 있다.

내가 그의 이름을 불러주기 전에는
그는 다만
하나의 몸짓에 지나지 않았다.

내가 그의 이름을 불러 주었을 때,
그는 나에게로 와서
꽃이 되었다.

내가 그의 이름을 불러 준 것처럼
나의 이 빛깔과 향기에 알맞은
누가 나의 이름을 불러다오.
그에게로 가서 나도
그의 꽃이 되고 싶다.

우리들은 모두
무엇이 되고 싶다.
너는 나에게 나는 너에게
잊혀지지 않는 하나의 눈짓이 되고 싶다.

사물의 가치는 누군가가 그것을 인식하고 그에게 이름을 불러
주었을 때 비로소 드러나고 의미를 갖게 된다. 단지 현상에 지나
지 않는 사물이 누군가의 관심을 갖게 된다는 것은 그와 관계가
형성된다는 것을 의미한다. 그를 알기에 그에게 적절한 이름을
불러 주며 깊은 인격적 소통을 하게 된다. 나는 우리 아파트 화단
에 심겨 놓은 꽃들의 이름조차 잘 모른다. 그러나 지인 중 한 분
은 수많은 들꽃의 이름까지 꿰고 있다. 그 차이는 관심과 관계에
서 비롯한다.

하나님이 창조하신 만물은 하나님의 관심을 받는 대상이다.
하나님은 모든 사물과 관계를 맺고 싶어 하신다. 그 관계 맺음 안
에서 하나님의 생명이 지속적으로 흐르고 그 사물은 그 빛깔과

향기대로 하나님을 찬미한다. 인간과 하나님의 관계 맺음은 하나님의 호흡에서 시작되었다. 하나님이 인간의 코에 불어넣으신 호흡은 하나님의 영이다. 하나님은 영을 통해서 인간과 특별한 관계를 맺으셨다. 하나님과 특별한 관계에 있는 인간은 모두가 자신의 이름을 가졌다. 선지자 이사야는 이스라엘 민족을 향해서 이렇게 말했다.

> 너희 섬들아, 내가 하는 말을 들어라. 너희 먼 곳에 사는 민족들아, 귀를 기울여라. 주님께서 이미 모태에서부터 나를 부르셨고, 내 어머니의 태 속에서부터 내 이름을 기억하셨다.
> 이사야 49:1, 새번역

하나님은 이름으로 이스라엘을 기억하셨고 이미 태어나기 전 모태에서부터 그를 알고 계셨다. 마찬가지로 하나님은 이 땅에서 숨 쉬고 있는 모든 생명체의 이름을 이미 알고 계신다. 아담과 하와가 해야 할 일은 하나님이 조성한 생명체에 이름을 지어 주어 자신들의 존재가 하나님과 결속되었다는 사실을 깨닫고 그분의 영광을 드러내도록 돕는 일이었다.

구약성경에서 '야다'라는 단어는 매우 중요한 의미를 지닌다. 야다는 단순하게 '앎'으로 번역할 수 있지만 그 앎의 의미는 관계적 개념을 지니고 있어서 지적 인식 수준을 넘어선다. 구약은 944회나 이 단어를 사용하면서 다양한 상황에서 감각 기관을 통해 경험하는 지식을 표현한다. 야다의 가장 중요한 의미는 지속적이고 인격적인 만남을 통해 피어나는 친밀한 관계다. 아담과 그의 아내가 '동침했다'는 창세기 4장 1절의 표현에서 야다가 사용되었다. 이는 부부가 서로를 사랑하여 자신들의 몸을 맡기며 성적 교감까지 이어지는 관계를 일컫는다. 하나님이 모세를 이름으로도 안다고 말씀하셨듯이(출 33:17) 개인적인 친밀한 관계를 나타낼 때도 야다가 사용되었다. 또한 하나님이 이스라엘 민족에 대해서 "내가 땅의 모든 족속 가운데 너희만을 알았나니"(암 3:2)라고 표현한 것처럼 특정한 민족과 깊은 애정의 관계를 나타낼 때도 이 단어가 사용되었다.

야다는 우리의 감각 기관 중 시각을 통해서 상대를 알게 되는 것에 가깝다. 아담은 자신의 갈비뼈를 취해 창조된 여자를 보고서 "내 뼈 중의 뼈요 살 중의 살이라"(창 2:23)고 고백하며 그녀의 이름을 불러 주었다. 아담은 자기 몸의 일부로 만들어진 또 다른 자신을 본 것이다. 아담과 하와는 하나님의 창조 세계를 바라보면서 하나님을 알았고 자신의 인격 속에 하나님이 있다는 사실을 깨달았다. 하나님은 지속적으로 여러 사건과 현상을 통해 자신을 알리셨다. 가장 대표적인 하나님의 자기 계시는 이스라엘을 이집트에서 구출하시고 가나안으로 인도하실 때 나타난다. 모세에게는 특별히 등을 잠깐 보이셨고 백성에게는 성소를 통해 자신을 드러내셨다. 하나님은 자신을 현시하실 때마다 자신의 이름이 여호와임을 밝히시고 백성이 그 이름을 알도록 하셨다.

하나님이 모세에게 이르시되 나는 스스로 있는 자이니라.…너
희 조상의 하나님 여호와…이는 나의 영원한 이름이요 대대로
기억할 나의 칭호니라.

출애굽기 3:14-15

하나님이 모세에게 말씀하여 이르시되 나는 여호와이니라.…
너희의 하나님 여호와인 줄 너희가 알지라.…나는 여호와라
하셨다 하라.

출애굽기 6:2; 7-8

겉모습은 그저 현상에 불과하다. 누구에게든 어떤 사물이든 그
자체로 존재의 이유가 있고 의미가 있다. 자신과 자신이 존재하
는 그 시기와 상황에 걸맞게 겉으로 드러난다. 서로가 진실한 관
계를 맺고 그 내면을 볼 때만이 그 존재의 가치를 알 수 있다. 벌
거벗은 몸을 사람들은 수치스럽게 생각한다. 자신뿐만 아니라 그
모습을 보는 타인들도 수치심을 느낀다. 하지만 서로가 잘 알 때,
내면을 보는 이들은 오히려 벌거벗음이 새로운 생명을 탄생시킬
여건이 된다. 설령 부부 관계만을 설명하는 것이 아니다. 우리가
접하는 모든 사람에 대해서 진실한 관계를 맺고 서로 알아갈 때
상대의 겉모습이 아니라 존재를 볼 수 있다. 살아 있는 생명은 반
드시 또 다른 생명을 움트게 한다. 서로가 본래의 존재를 볼 때
그 생명은 싹튼다. 생명이 풍성하게 역동하기 위해서는 겉으로

드러나는 것을 보고 보았다고 말하지 않는 것이 좋다. 진실한 관계를 맺고 내면을 보기 위해 수고하지 않으면서 타인과 사물을 섣불리 판단한다면 서로를 통해 이어지는 생명의 흐름이 단절된다.

인간이 타락한 이후 죽음이 지배하는 세상에서 우리는 이름을 박탈당한 채 살아가는 고통을 겪게 되었다. 옛 시대에는 노예, 여성, 고아와 과부가 그랬고 현대에는 장애인, 외국인 노동자, 직업여성, 공장이나 작업장의 노동자, 노숙자, 전쟁터의 군인, 독재자의 지배하의 국민들이 이름을 빼앗긴 채 살아가고 있다. 인간의 타락은 죽음을 가져왔고 더 이상 하나님의 생명이 흐르지 않게 되었다. 하나님의 생명이 단절된 세상 속에서 사람들은 자신의 이름을 높이기 위해 타인의 이름을 지우려고 애를 쓰며 살아간다. 그래서 많은 이들이 자신의 이름이 지워진 채로 그저 하나의 사물로 취급받으며 살아간다. 이러한 현상은 다른 생명체에게도 영향을 미쳐서 하나님의 영광을 드러내야 할 피조물들이 욕망에 사로잡힌 인간들의 도구로 전락하고 말았다. 인간은 도시를 건설하고 산업을 발전시키기 위해 자연을 파괴하고 생태계에 큰 상처를 입히고 있다.

생명이 충만한 시대에 살았던 모든 생명체는 각자의 이름을 가지고 있었고 하나님과 소통하는 존재로서의 가치와 소중함을 지녔다. 아담과 하와는 생명체에 개별적인 이름을 지어 줌으로써 진정한 생명을 지닌 존재로서 존엄을 일깨웠고 모든 피조물이 하나님의 기쁨에 함께 참여한다는 사실을 자각하게 했다. 바로 그 일은 창조주의 명예와 영광을 드러내는 소명과 관련했다. 하나님이 태초에 만물을 창조하실 때 각 날마다 일을 마치시고 난 이후 '보기에 좋았다'며 기쁨의 감정을 표현하셨다. 우리 모두는 예외 없이 자신의 삶에 걸맞은 이름을 갖고 있음을 자각하고 더불어 타인에게도 걸맞은 이름을 불러 주어야 한다. 그럼으로써 우리는 하나님의 창조의 기쁨에 동참하게 된다.

생명이 충만한 인간

공동체 안에서 온전한 인격

생명은 홀로 존재할 때보다 함께 어우러질 때가 훨씬 아름답고 풍성한 결실을 맺을 수 있다. 하나님은 남자 홀로 지내는 것이 좋아 보이지 않았다. 그래서 남자의 몸에서 갈비뼈를 취해 여자를 만들어 둘이 하나가 되게 하셨다. 둘이 서로의 배필로서 연합하여 하나님이 맡기신 일을 잘 감당하게 하신 것이다. 남자에게 여자를 만들어 주는 시점도 남자 홀로 생명체에 이름을 짓는 일을 하나님이 안타깝게 여기셨던 순간이었다. 결국 이 둘이 사랑의 고백으로 한 몸이 되었을 때 그 순간이 생명을 꽃피우는 정점이었다. 남자와 여자가 서로에게 이름을 짓고 사랑을 고백하는 과정에서 새로운 생명이 탄생할 가능성과 모범을 보여 준 것이다. 남자와 여자는 서로를 잘 알았다. 남자와 여자는 벌거벗었지만 서로를 부끄러워하지 않았고 오히려 더욱 한 몸으로 연합을 이루어 갔다. 연합을 이룬다는 것은 서로를 안다는 것이고 진실한 관계를 이룬다는 뜻이다.

우리는 하나님이 창조하신 원리에 따라 타인과 함께 공동체를 형성하며 살아간다. 공동체는 생명 탄생의 진원지다. 우리가 공동체의 일원으로 서로 알아 갈 때 생명을 꽃피울 수 있다. 서로를 '봄'으로써 타인을 알고 타인이 내가 되고 내가 타인이 되는 역동이 일어난다. 이런 관계 속에서 우리는 생명이 역동하는 공동체가 되어 또 다른 생명을 탄생시킬 수 있다. 에덴에서 인간은 그런 공동체를 형성했고 생명을 잉태할 사랑으로 충만했다.

하나님은 모든 피조물이 왕성한 생명 활동을 할 수 있도록 에덴동산 중앙에 생명나무를 심어 놓으셨다. 또한 그 생명나무의 그늘 아래에서 모든 피조물이 안식을 누리고 그 나무의 열매를 먹으며 생명의 창조 활동을 하는 공동체로 살아가도록 하셨다. 생명나무 열매를 먹은 사람들은 서로 가족이 되었고 생명나무 뿌리를 통해서 연결된 땅의 식물들과 그 식물을 먹은 동물들은 서로를 통해서 생명이 결속되고 유지되고 있다는 것을 감각적으로 느꼈다. 영화 「아바타」에서 나비족이 살고 있는 판도라 세계의 중심에는 '에이와Eywa'라는 생명나무가 있다. 에이와를 통해 판도라의 모든 생물은 서로 연결된다. 모든 나무는 시냅스(신경세포접합부)처럼 연결되어 있고 심지어 나비족과 동물들까지 뒤통수에 달려 있는 신경 다발을 연결하여 서로의 마음과 통할 수 있다. 판도라라는 별의 모든 생물이 에이와로 연결되어 있다는 이미지는 우리의 상상력을 자극해 우리가 본능적으로 모든 만물을 통해서 하나님과 연결되어 있다는 것을 지각하게 해 준다.

이는 하나님을 알 만한 것이 그들 속에 보임이라. 하나님께서 이를 그들에게 보이셨느니라.
로마서 1:19

서로를 알고 봄으로써 그 존재를 넘어서 우리가 공동체로 연합되어 있다는 사실을 경험하고 서로 사랑하며 풍성한 생명을 창조해 낼 수 있다. 공동체 안에서 서로의 존재와 다름을 존중하고 배려하여 자신의 이름에 걸맞은 자리를 찾게 해 줄 때 생명은 꽃을 피운다.

2장

죽음의 지배 아래 살아가는 인간

죽음은 거대한 단절이다.
죽음은 거대한 분열이다.
죽음은 거대한 모욕이다.

티모시 켈러Timothy Keller

죽음의 원인과 의미

하나님과 멀어짐

죽음은 무엇일까? 죽음은 도대체 어디에서 왔을까? 죽음도 하나님이 창조하신 것일까? 애초에 죽음이 없었다면 인간은 에덴동산에서 영원한 생명을 누리며 살 수 있지 않았을까? 우리는 죽음과 죽음으로 인한 고통의 현실을 경험하면서 이러한 질문을 던질 수밖에 없다. 그렇다면 성경은 죽음에 관해 어떻게 가르치고 있는지 살펴보자.

이르되 내가 동산에서 하나님의 소리를 듣고 내가 벗었으므로 두려워하여 숨었나이다.
창세기 3:10

죽음이 야기된 원인에 대해서는 뱀으로 묘사된 존재가 인간을 유혹한 이야기를 빼놓을 수 없다. 창조 이야기에서 등장하는 뱀의 존재를 우리는 정확하게 알 수 없다. 분명한 사실은 그 존재가 창조 시기부터 예수님이 새로운 창조 사역을 시작할 때까지 인간에게 상당한 위력을 행사해 왔다는 것이다. 도대체 하나님의 의도에 반하는 행동을 하는 그 존재는 어디에서 왔을까? 생명이 가득한 그 공간에 어떻게 죽음을 야기하는 세력이 존재할 수 있었을까?

많은 그리스도인들이 이렇게 묻곤 한다. "하나님이 애초에 뱀을 창조하지 않으셨거나 인간을 타락하지 않게 하셨다면, 아직 우리는 에덴에서 행복하게 살고 있지 않았을까?" 이는 하나님의 창조 사역에 대한 의문을 제기하는 것이다. 이 의문에 대해 아우구스티누스Aurelius Augustinus를 비롯한 여러 신학자는 '자유의지'의 개념을 들어 설명한다. 하나님은 인간에게 하나님의 형상에 걸맞은 자유의지를 주셨다. 만일 인간이 모든 사고와 행동이 전적으로 통제 가능한 수동적 존재라면 하나님의 형상을 따라 창조되었다는 사실은 모순이다. 하나님의 형상에 걸맞게 인간은 자신의 의지대로 무슨 일이든 자유롭게 선택하고 행할 수 있지만 그 선택과 행동에 대한 책임 또한 가지고 있다. 인간은 자신에게 주어진 자유의지로 하나님을 자발적으로 섬기며 그 명령에 순종하며 살아가는 것이 최선이었다. 하지만 그 자유의지를 가진 인간은 뱀의 유혹을 받아 하나님이 금지하신 '선과 악을 알게 하는 나무의 열매'에 자발적으로 손을 댔다.

그렇다면 전능하신 하나님은 인간이 불순종할 것이라는 사실을 예측하고 있었을까? 말의 꼬리를 문다면 자유의지를 가진 인간은 잘못된 선택을 했을지라도 그런 인간에게 자유의지를 주신 하나님에게 이의를 제기할 수 있고, 그분이 이미 알고 계셨다면 그것을 허용한 것도 문제가 될 수 있다. 우리는 죽음의 권세가 편만한 세상에서 죽음의 두려움과 고통 속에 살아가야 하는 현실을 접할 때마다 하나님에게 문제의 최종 원인을 돌리곤 한다.

하나님의 손으로 빚어진 최초의 인간은 그 열매를 먹지 말라고 금지하신 명령에 순종해야 했다. 죄를 범한 사람이 잘못이지 법을 탓할 수 없는 노릇이다. 여기서 놓치지 말아야 할 것이 있다. 하나님의 금지 명령에는 그 이상의 의미가 내포되어 있다는 것이다. 표면적으로는 실정법을 어긴 행위의 결과에 대해 죄를 물을 수 있다. 그러나 단순히 그 나무 열매를 먹었다고 해서 죄가 되는 것이 아니었다. 선악을 알게 하는 나무는 인간의 존재를 깨우치는 자명종과 같은 역할을 했다. 시계 소리가 아침을 깨우듯이, 하나님은 인간들이 나무를 보고 자신의 존재를 인식함으로써 자신들이 피조물임을 상기하도록 했다. 사실 하나님은 자신의 형상을 닮은 인간에게 모든 일을 위임했다. 하나님과 구분이 되지 않을 정도로 인간은 완벽하게 창조되었고 에덴동산을 다스리고 가꿀 권한을 부여받았다. 단 하나, 선악을 알게 하는 그 나무 열매를 먹는 것만은 금지되었다. 권한이 금지되었다는 것은 인간

위에 창조주 하나님이 계시다는 것을 기억하는 표지였다. 하지만 인간은 그 약속을 어겼다. 그들이 뱀의 유혹에 솔깃했던 것은 그들 자신이 하나님처럼 선악을 분별할 줄 아는 존재가 될 수 있다는 말 때문이었다.

> 하나님은, 너희가 그 나무 열매를 먹으면, 너희의 눈이 밝아지고, 하나님처럼 되어서, 선과 악을 알게 된다는 것을 아시고, 그렇게 말씀하신 것이다. 여자가 그 나무의 열매를 보니, 먹음직도 하고, 보암직도 하였다. 그뿐만 아니라, 사람을 슬기롭게 할 만큼 탐스럽기도 한 나무였다. 여자가 그 열매를 따서 먹고, 함께 있는 남편에게도 주니, 그도 그것을 먹었다.
> 창세기 3:5-6, 새번역

선과 악을 판단하는 가장 근원적 존재는 오직 하나님이다. 그 권위를 갖고자 하는 욕망과 시도는 하나님의 권위에 도전하는 것이며 피조물이 창조주의 위치를 찬탈하는 근원적 악이라 할 수 있다. 이것을 성경은 죄라고 말한다. 조금 더 부연하자면, 자신의 옳고 그름을 스스로 판단하고 내 삶의 모든 결정권을 쥐고 통제하며 살아가고자 하는 마음과 태도가 성경이 말하는 죄다. 그러니까 내가 곧 신이 되는 것이다. 이것이 죽음을 야기했다. 현실 속 인간은 신과 같은 지혜와 능력이 없기 때문에 그와 유사한 외적 수단을 얻기 위해 애쓰며 살아간다. 사람들은 바벨탑을 더 높이 쌓아서 자신들이 신이라고 믿고 싶었고 그 헛된 욕망을 세상에 알리고자 했다. 하나님처럼 되고자 했던 사람들의 욕망이 죄를 낳았고 그 죄로 인해 죽음이 들어온 것이다. 하나님은 피조물이 자신을 배제하고 스스로 주인이 되려는 것에 분노하셨고 그에 대한 형벌로 죽음을 내리셨다고 성경은 말한다. "선악을 알게 하는 나무의 열매는 먹지 말라. 네가 먹는 날에는 반드시 죽으리라 하시니라"(창 2:17). 그러나 그 명령을 어긴 인간들이 바로 그 자리에서 죽지 않았다는 점에서 죽음에 관해 조금 더 깊은 이해가 필요해진다. 그것은 단순히 죽음이 인간의 신체적 기능이 멈추는 것만을 의미하지 않는 점을 드러낸다.

하나님은 인간들과 친밀한 인격적 소통을 통해서 하나님의 생명을 주시길 원하셨고 그러한 장치가 바로 하나님의 영이 그들과 늘 함께하는 것이었다. 인간이 하나님을 의지하고 순종하는 것은 창조된 인간이 무능하거나 불완전하기 때문이 아니었다. 하나님은 자신과 인간이 온전한 소통을 통해서 가장 인간답게 존재하고 살아가도록 창조하셨다. 그러나 안타깝게도 인간은 교만하여 스스로 복을 걷어차 버렸다. 하나님은 더 이상 그들과 관계를 이어 갈 수 없었다. 죄로 인해 하나님과 관계가 단절되고 결국 죽음이 야기되었으며 죽음의 현상이 일어나기 시작했다. 하나님의 생명이 더 이상 흐르지 않는 인간에게 신체적 죽음은 말할 것 없고 모든 관계에서 생명이 없는 갈등과 폭력, 배재와 소외가 발생하게 되었다. 그러므로 죽음은 하나님의 독립된 창조물이 아니다. 죽음은 하나님이 선언하신 대로 타락한 인간에 대한 형벌로서 더 이상 하나님의 생명이 소통되지 않는 결과다.

주 하나님이 말씀하셨다. "보아라, 이 사람이 우리 가운데 하나처럼, 선과 악을 알게 되었다. 이제 그가 손을 내밀어서, 생명나무의 열매까지 따서 먹고, 끝없이 살게 하여서는 안 된다." 그래서 주 하나님은 그를 에덴동산에서 내쫓으시고, 그가 흙에서 나왔으므로, 흙을 갈게 하셨다. 그를 쫓아내신 다음에, 에덴동산의 동쪽에 그룹들을 세우시고, 빙빙 도는 불칼을 두셔서, 생명나무에 이르는 길을 지키게 하셨다.

창세기 3:22-24, 새번역

주님께서 말씀하셨다. "생명을 주는 나의 영이 사람 속에 영원히 머물지는 않을 것이다. 사람은 살과 피를 지닌 육체요, 그들의 날은 백이십 년이다."

창세기 6:3, 새번역

엄밀히 말하자면, 하나님이 생명을 주시지 않았다기보다는 타락한 인간에게 거룩한 존재의 생명이 흘러갈 수 없었던 것이다. 거룩은 단어의 의미 그대로 죄와 함께할 수 없는 속성을 지니고 있다. 결국 죄로 인해 하나님과 인간의 관계가 단절되었고 그로 인해 일어나는 모든 현상을 바로 죽음이라고 말할 수 있다. 하나님과 단절되었거나 하나님을 무시하고 살아가는 인간의 모든 활동은 겉으로 나타나는 좋은 결과와 상관없이 죽음의 문화다. 죽음은 하나님의 생명이 흐르지 않는 메마른 상태다. 다시 말해서 아우구스티누스가 말했듯, 생명 없음이 곧 죽음이다.

생명이 메마른 곳에는 자연스럽게 죽음이 만연해질 수밖에 없다. 죽음은 가장 먼저 인간 신체의 기능을 한정 지었다. 인간의 신체는 어느 일정한 시간이 지나면 노화되고 쇠락하여 기능을 멈춘다. 자연스러운 노화를 통해 죽음에 이르는 것뿐만 아니라 갑작스러운 사고나 충격을 통해서도 신체의 기능이 멈추기도 한다. 신체 기능에서 죽음을 확인하는 세 가지 중요한 방법이 있다. 호흡, 심장 박동, 뇌의 기능이 신체적 죽음을 확인할 수 있는 방법이다. 숨을 쉬지 않으면 몸에 산소를 공급할 수 없다. 심장이 박동하지 않으면 혈액이 순환되지 않는다. 그리고 결국 뇌에 손상을 입게 된다. 뇌까지 기능을 멈추면 몸의 죽음이 판명된다. 우리 몸의 장기들이 동시에 기능을 멈추지 않기 때문에 신체의 죽음에 대해서도 여러 해석이 있다. 그로 인해 다양한 문제들이 발생하기도 한다. 이 부분에 대해서는 뒤에서 다루기로 하자. 여기서 분명한 것은 인간의 수명이 정해졌고 우리는 언젠가 반드시 죽는다는 사실이다.

신체 기능이 다한 것만이 죽음이 아니다. 존재론적으로 우리는 죽임을 당한다. 역사의 한 지점과 장소에서 일정한 기간 살아왔던 '나'라는 존재가 사라진다. 그렇다고 그 존재 자체가 완전히 사라지는 것인가? 성경은 우리가 죽는다고 해서 존재가 사라지는 것이 아니라 다른 차원의 삶의 영역으로 이동한다고 가르친다. 우리가 이 세상에서 입고 살아왔던 몸의 형체들은 사라진다고 하더라도 그 몸을 형성했던 인격은 죽음 이후의 세상에서 다른 차원의 몸으로 창조주 하나님 앞에 서게 될 것이다.[1] 이를 신학적 죽음으로 해석한다. 또한 한 개인의 죽음은 사회적 죽음을 맞이한다. 나와 관계했던 사람들, 사랑하는 가족과 친척, 이웃들의 기억 속에서 사라진다. 몸으로 보여 주었던 한 존재에 대한 기억이 사라지게 되며 이것은 상실의 고통과 아픔을 가져온다. 죽음은 존재를 기억 속에서 사라지게 하는 것만으로 그치지 않는다. 죽음이 가장 두려운 것은 우리에게서 하나님의 형상을 닮은 존귀한 인간으로서의 존엄을 앗아 가기 때문이다. 더 이상 하나님의 생명이 흐르지 않기 때문에 하나님의 성품 또한 인간들의 존재 속에 스며들 수 없다.

죽음의 시작

형벌의 대가인가? 자연적 죽음인가?

창세기의 이야기를 통해서 죽음의 원인이 인간의 죄로 인한 하나님의 형벌이라는 것을 살펴보았다. 인간의 삶은 타락을 기점으로 완전히 달라졌다. 타락 이전은 에덴동산 중앙에 위치한 생명나무로부터 영원하고 풍성한 삶이 보장되었다. 그러나 인간은 죄를 범하게 되어 그에 대한 형벌로 죽음에 처하게 되었고 하나님과의 관계가 단절되고 생명나무의 접근마저 금지되었다.

반면에 죽음을 하나님의 형벌이 아니라 인간 존재의 자연 현상으로 보는 사람들도 있다. 불교와 같은 종교나 스토아 철학 사상 또는 자연 과학은 인간의 죽음을 매우 자연스러운 현상으로 설명한다. 특히 오늘날과 같은 첨단 과학 시대에는 인간의 신체에 보다 관심을 가지고 있기에 노화로 인한 신체 기능의 상실이 너무나 당연한 일로 여겨진다. 자동차의 수명과 같이 우리의 신체도 치료와 관리를 통해 죽음의 순간을 늦출 수 있어도 막을 수는 없다고 생각한다.

그렇다면 성경에서도 죽음을 자연스러운 현상으로 가르치고 있는가? 몇몇 신학자의 주장에 따르면 처음부터 하나님은 인간을 유한한 존재로 지으셨으며, 죽음 자체는 하나님의 창조 질서에 속하기 때문에 인간이 죽는다는 것은 자연스러운 현상이다.[2] 만약 인간이 수명의 제약 없이 영원하다면 신적 존재와 다름이 없어지기 때문에 일면 일리가 있어 보인다. 피조물인 인간이 유한성을 지니는 것은 당연해 보인다. 그래서 모든 다른 생물들과 마찬가지로 인간의 죽음을 하나님의 창조 질서에 포함된다고 여긴 것이다.[3] 또한 성경에는 여러 신실한 사람들이 자연적 죽음을 갈망하는 글들이 많다. 자신에게 주어진 생명의 연수를 다 채우고 자연스럽게 죽는 것을 축복으로 여겼다. 이스라엘의 선조이자 복의 근원인 아브라함과 이삭과 야곱의 생애뿐만 아니라, 이스라엘의 가장 위대한 왕인 다윗 그리고 가장 신실한 믿음의 대명사인 욥의 생애를 수명을 다하고 무덤에 편하게 묻힌 것으로 묘사한다. 이사야 선지자는 마침내 회복될 이스라엘의 미래에 관해 쓰며 사람들이 유한한 인생의 연수를 꼭 채우고 자연스럽게 죽는 것을 소망했다.

거기에는 몇 날 살지 못하고 죽는 아이가 없을 것이며, 수명을 다 채우지 못하는 노인도 없을 것이다. 백 살에 죽는 사람을 젊은이라고 할 것이며, 백 살을 채우지 못하는 사람을 저주받은 자로 여길 것이다.

이사야 65:20, 새번역

이러한 성경의 이야기와 정황을 유추하다 보면 죽음이 하나님의 형벌보다는 창조 질서에 속하는 자연스러운 현상으로 비춰지기도 한다. 또한 인간이 죽지 않는다면 영원히 계속 늘어나는 인구를 지구별이 수용할 수 없을뿐더러 다른 생물들이 탄생하고 죽는 과정을 겪는 것과 다를 바 없이 인간의 죽음도 마땅하다고 생각할 수 있다. 그러나 죽음이 창조 질서의 자연스러운 현상이라면 하나님의 거룩하고 의롭고 선한 성품과 모순된다. 하나님은 죽음과 공존할 수 없기 때문이다. 연수를 다 채우고 자연스럽게 맞는 죽음을 복으로 묘사하는 성경의 기록들은 '자연적 죽음'을 가리키기보다 죽음의 형벌 아래서도 하나님과 인격적 관계를 통해서 누리는 생명의 충만함에 대한 소망을 표현하는 것이라 볼 수 있다. 그리고 창조 세계의 공간도 영원성을 지닌 하나님에게는 문제가 될 것이 없다. 영원성은 공간의 개념을 초월한다. 태초에 세상을 창조할 때도 그 피조 세계를 담기 위해 공간이 필요했을 뿐, 영원성 안에 얼마든지 공간이 확장될 수 있다. 미래에 완성될 하나님 나라의 시공간은 현재 우리가 경험하고 있는 것과는 확연이 다를 것이다. 뒤에서 살펴보겠지만 죽음 이후 모든 인간은 부활할 것이다. 그리고 하나님의 심판에 따라 의인과 악인들이 갈라져 다른 영역에서 영원히 존재할 것이다.

사실 죽음이 하나님의 형벌이냐 아니면 자연스러운 현상이냐, 하는 문제는 기독교인들의 신앙에 있어서 매우 중요한 사안이다. 왜냐하면 죽음의 문제는 현재 인간이 당면한 가장 현실적이면서도 동시에 형이상학적이고 초월적인 답을 요구하기 때문이다. 죽음을 하나님의 형벌로서만 받아들인다면, 죽음은 피해야만 하는 악한 무엇이다. 그럴 때 우리는 죽음과 같은 고통의 현실을 받아들일 수 없게 되며, 하나님을 원망하거나 자신을 비하하는 불행한 존재로 추락한다. 그래서 우리는 죽음을 면하는 방식에만 집착하게 될 것이다. 그 형벌에서 구제받을 방법은 '이신칭의', 그러니까 믿음으로 말미암아 구원을 얻게 된다는 확신을 갖는 것이 중요해진다.

반면에 죽음을 하나님의 형벌보다는 자연스러운 현상으로 받아들인다면 자연에 순응하는 운명론에 빠질 수 있다. 운명론자들은 현실 세계를 중요하게 여기며 죽으면 모든 것으로부터 자유로워진다고 믿는다. 사후세계와 같은 더 이상의 삶은 없고 단지 기억으로만 남게 된다. 이러한 관점은 죽음을 인간이 겪어야만 하는 생의 요소로 생각하고 고통의 현실과 죽어 감의 과정을 잘 견뎌내도록 하겠지만, 세상을 죽음의 횡포로부터 구원하여 생명을 충만하게 하려는 하나님의 의도와는 멀어질 수 있다.

죽음은 하나님이 의도하지 않았지만 인간의 죄로 인해 허락하신 것이다. 성경에서 죄의 삯은 죽음이라고 선언하고 있듯이 죽음은 형벌의 결과다. 하나님이 죄에 대한 벌로 인간에게 죽음을 내리셨지만 죄를 짓는 즉시 죽이지 않으시고 죽음의 과정을 겪게 하셨다. 죽음은 본질적으로 폭력과 거짓, 분열과 갈등을 야기한다. 죽음으로 인해 우리의 삶의 현실은 고통스럽다. 첨단 의료 기술과 진보한 사회가 죽음의 문제를 해결할 수 있는 듯 보여도, 결국 죽음은 늘 우리 곁에서 일어나고 있고 언젠가 직면해야 하는 문제이기 때문에 우리는 항상 죽음에 대한 불안과 두려움을 가지고 산다.

하지만 예수님은 그 죽음을 통해서 세상을 구원하셨다. 하나님이신 그가 죽음이라는 인간의 한계를 경험하셨다. 그로 인해 인간에게 영원한 생명이 주어지고 더욱이 죽음까지 경험한 온전한 존재로서 부활을 소망하게 되었다. 그렇기 때문에 우리는 죽음을 자연스러운 현상으로 받아들일 수 있는 것이다. 그렇다고 그 자연스러움을 허무한 운명처럼 받아들이지는 않는다. 우리는 죄로 인해 깨어진 고통의 세상살이와 언젠가는 생명이 다하는 죽음을 인정하되 죽음이 더 이상 지배하지 않는 세상을 꿈꾼다. 또한 우리에게는 새롭게 주어진 영원한 생명을 지닌 존재로서 풍성한 삶을 살아가려는 의지가 자연스럽게 생겨난다. 결국 죽음은 멸망하게 될 것이고 영원한 생명은 회복될 것이다. 이러한 측면에서 죽음은 이중성을 지닌다.

죽음을 부추기는 사회

이기적 욕망, 거짓과 분열, 두려움

죽음은 자연스럽게 우리를 생명으로부터 멀어지게 하고, 그 생명을 소멸시키며 관계를 파괴시킨다. 가장 먼저는 생명의 근원이신 하나님의 낯을 피하여 숨게 만든다. 금지 명령을 어긴 인간들은 자신들의 벌거벗음을 알아차리게 되었고 하나님을 피해 숨었다. 죽음은 생명을 피하게 할 뿐만 아니라 모든 생명 활동이 드러나는 것을 방해한다. 인간으로서 한 개인의 참모습을 보지 못하게 하고 겉으로 드러나는 것만을 보게 만든다. 겉모습은 타인의 시선이다. 그 시선은 이미 누군가에 의해서 사회가 정해 놓은 창문과 같다. 최초의 인간이 죄를 짓고 죽음이 그들 안에 존재하게 되었을 때 그들은 서로의 겉모습을 보았고 타인의 창문으로 자신을 보기 시작했다. 그래서 벌거벗었다는 사실을 알게 되었고 벌거벗은 자신을 부끄러워했다. 자비로운 하나님은 임시로 그들이 몸을 가릴 수 있도록 조처해 주셨다. 하지만 하나님의 영이 떠난 인간들 사이에서 생명 활동은 현저히 약화되었고 대신에 죽음은 더욱더 짙고 강한 어둠의 그림자를 만들어 갔다.

인간들에게 죽음이 가져온 결과는 참혹했다. 시초의 사건은 자기 동생인 아벨을 돌로 쳐서 죽인 가인의 살인이었다. 같은 부모로부터 태어난 두 형제가 혈육의 사랑을 나누지 못했음을 여실히 보여 준다. 하나님에게 인정을 받지 못한 가인은 그 분노를 동생에게 쏟아 놓았고, 결국 살인으로 이어졌다. 성경은 죄가 마치 사나운 짐승처럼 웅크려서 가인을 노리고 있었다고 표현한다. 가인은 그런 죄를 다스리지 못했다(창 4:1-12). 하나님의 생명이 단절된 인간은 모든 것을 자신의 욕망대로 통제하고자 했지만, 자신의 감정마저 다스릴 수 없는 상태로 전락하고 말았다. 그 시대는 가인도 두려워할 정도로 살인이 편만해 있었다. 더욱 충격적인 것은 라멕의 행동이었다. "라멕이 아내들에게 이르되 아다와 씰라여 내 목소리를 들으라. 라멕의 아내들이여 내 말을 들으라. 나의 상처로 말미암아 내가 사람을 죽였고 나의 상함으로 말미암아 소년을 죽였도다"(창 4:23). 자신의 감정에 대한 분풀이로 여러 사람을 죽이고도 어린 소년까지 죽인 사실을 자랑삼아 이야기하고 있다.

주님께서는, 사람의 죄악이 세상에 가득 차고, 마음에 생각하는 모든 계획이 언제나 악한 것뿐임을 보시고서, 땅 위에 사람

지으셨음을 후회하시며 마음 아파하셨다. 주님께서는 탄식하셨다. "내가 창조한 것이지만, 사람을 이 땅 위에서 쓸어버리겠다. 사람뿐 아니라, 짐승과 땅 위를 기어다니는 것과 공중의 새까지 그렇게 하겠다. 그것들을 만든 것이 후회되는구나."
창세기 6:5-7, 새번역

죽음이 행사되는 곳에는 폭력, 갈등, 분열이 있다. 사랑, 평화, 공의를 드러내는 생명을 감추고 생명이 싹트는 토양인 진실을 감추기 때문이다. 죽음의 세력에 붙잡힌 사람들은 진실을 숨긴다. 진실을 숨기는 가장 효과적 방법은 거짓을 꾸미는 것이다. 사람들이 처음에는 거짓인 것을 눈치채지만 거짓이 반복되거나 지속해서 접하다 보면 거짓이 진실로 뒤바뀌어도 믿게 된다. 죽음이 노리는 것이 바로 그것이다. 그래서 죽음은 자신의 본모습을 바로 드러내지 않고 사실과 섞어서 거짓을 말한다. 죽음의 세력은 사실마저도 자신들의 무기로 탈바꿈하여 얼마든지 활용한다. 자신의 욕망과 이기적 욕심을 지닌 이들은 왜곡된 진실을 더욱 쉽게 받아들이기 때문이다. 뱀은 사실과 섞어서 거짓을 마치 진실인 것처럼 말했고, 아담과 하와는 자신의 욕망을 이루는 방향으로 일부 사실만을 선택했다. 죽음의 세력에 사로잡혀 위증과 거짓을 행하고 폭력과 살인을 저지르며 심지어 전쟁을 일으켰던 사람들은 어떻게든 진실을 숨기고 자신의 행동에 정당성을 부여하려고 한다.

민주 사회를 이루기 위해 거리에 나섰던 수많은 사람을 죽인 군사 정권은 '정의 사회 구현'이라는 명목으로 살인의 흔적을 지우려고 애를 썼다. 수십 년간 우리나라를 찬탈하여 식량과 자원을 빼앗고 어린 청소년들까지 군대에 동원하여 위안부로 삼고 죽음의 전쟁터로 몰아넣었던 일본은 지금도 자신들을 한국의 경제 발전을 도운 고마운 나라로 자칭하며 진실을 감춘다. 지금과 같은 평화로운 시대에서 죽음의 세력은 자신의 이름이 오르내리는 것을 꺼린다. 죽음이 직접적으로 드러나는 순간 사람들은 본능적으로 죽음을 거부하기 때문이다. 하이데거Martin Heidegger가 말했듯 죽음에 대해 말하거나 생각하기를 꺼려 하는 '세인世人'들은 더욱 세속적인 일에 몰두하거나 그저 먹고 마시며 잡담을 즐기며 살아간다.[4] 죽음을 '너' 또는 '그'의 것으로 여기며 자신의 것이 아니라고 믿고 살아간다는 것이다. 주변을 돌아보면 죽음을 불러오는 사건과 사고들이 많다. 그런데도 죽음을 이야기하는 것을 부정하다고 생각하고 언급하는 것을 기피하는 분위기다. 한 지인이 겪은 일이다. 그녀는 거의 매주 하루 동안 일정한 장소에서 세월호 사건 진상 규명을 위해 1인 피켓 시위를 하고 있었다. 그녀가 피켓을 세우고 서 있는 동안 불편하게 생각하는 사람들이 있었다. 한 번은 중년 남성 한 분이 시비를 걸어왔고, 그녀는 정중하게 "우리들의 자녀들이 억울하게 죽었습니다. 선생님의 자녀일 수도 있었습니다"라고 말을 꺼내자마자 "네가 뭔데, 재수 없게 감히 내 애들을 들먹여!"라며 화를 냈다. 그러면서 "내 애들은 안 죽어!"라며 마치 죽음이 자신과는 해당되지 않는 듯이 소리를 질렀다. 죽음이 감춰진 상태에서 죽음이 벌이는 행각은 생명의 흐름을 단절시킨다. 죽음이 지나간 곳에는 분열과 경쟁, 다툼과 시기, 미움과 배제, 끝내 상처만이 남게 된다.

성경은 죽음을 하나의 세력으로 묘사한다.5 시편에서 시인은 죽음의 세력이 자신을 옭아맸다고 묘사한다.

> 죽음의 사슬이 나를 휘감고 죽음의 물살이 나를 덮쳤으며, 스올의 줄이 나를 동여 묶고, 죽음의 덫이 나를 덮쳤다.
> 시편 18:4-5, 새번역

죽음의 세력은 생명의 흐름을 방해하여 개인과 공동체 그리고 더불어 사는 자연이 본연의 가치와 존재를 드러내는 것을 가로 막는다. 죽음의 세력은 생명들의 관계를 단절, 폭력, 살인으로 이 끈다. 서로를 배제하고 소외시키며 같은 인간들을 짐승처럼 억압하고 박해하는 등 온갖 비인간적 행동들이 정상인 것처럼 만든다. 사도 바울은 아직 죽음의 세력에서 벗어나지 못한 육체의 욕망에 사로잡힌 삶의 모습을 이렇게 묘사한다.

> 육체의 일은 분명하니 곧 음행과 더러운 것과 호색과 우상 숭배와 주술과 원수 맺는 것과 분쟁과 시기와 분냄과 당 짓는 것과 분열함과 이단과 투기와 술 취함과 방탕함과 또 그와 같은

것들이라. 전에 너희에게 경계한 것 같이 경계하노니 이런 일
을 하는 자들은 하나님의 나라를 유업으로 받지 못할 것이요.
갈라디아서 5:19-21

죽음은 개인적 차원에서 몸과 정신, 그리고 영혼을 파괴한다. 성
적 기쁨은 사랑의 관계를 통해서 주어지는 하나님의 선물이다.
죽음은 그것을 음욕과 호색으로 변질시킨다. 음욕을 품고 호색
을 탐하게 되면 사람을 대할 때 동등한 인격이 아니라 성적 쾌락
이나 욕구를 해소할 대상으로 여기게 된다. 오직 하나님만을 경
배함으로써 채워지는 영적 희락을 우상에서 찾게 되면 온 마음
과 정신을 빼앗기게 되고 결국 우상의 성품을 닮아 간다. 우상은
하나님이 우리에게 주신 삶의 수단들을 하나님과 동등한 능력을
지닌 존재로 여기고 그 수단을 삶의 최우선 가치로 바꿔 놓는 것
을 의미한다. 돈은 우리가 살아가면서 이용하는 편리한 수단이
다. 하지만 돈이 우상이 되면 우리가 살아가는 최고의 목적이 돈
을 버는 것이 되고, 결국 돈이 우리의 마음과 정신을 지배하게 된
다.

죽음은 공동체적 차원에서 관계를 깨뜨리고 공동체를 분열
시키고 파괴한다. 서로를 미워하고 시기하는 관계는 자기와 맞
는 사람들끼리 당을 짓고 갈등과 분쟁을 일으킨다. 우리 사회가
지역으로 분열되고 노사 간의 분쟁이 있고 세대 간의 갈등이 깊
고 빈부의 차이가 큰 것도 결국 죽음의 세력이 깊숙하게 퍼져 있

기 때문이다. 이런 사회에서 사는 것은 고통스럽다. 가장 많은 어려움과 고통을 겪는 사람들은 결국 사회의 주류에서 밀려났거나 가난하고 연약한 사람들이다. 죽음의 세력이 강하게 작용할수록 이들은 사회의 이익이 되지 않기 때문에 사라져야 할 무가치한 존재로 취급받게 된다.

자살 현상에 비춰진 죽음

죽음과 자살

죽음이 편만한 사회에서는 죽음의 세력이 펼쳐 놓은 분열과 배제와 혐오로 인해 자살을 하는 사람들이 많아진다. 생명이 단절되었기 때문에 우리에게 닥친 문제를 해결할 수 있는 대안들을 찾기 힘들어 개인들은 자살로 내몰린다. 생명이 풍성하게 흐르는 공동체는 서로에 대한 감사와 배려와 돌봄을 통해 서로가 공존하는 안전한 사회를 만들어 간다. 하지만 죽음의 사회는 나만의 안전을 확보하기 위해 착취와 배제가 더욱더 강하게 이루어진다.

우리 사회를 살펴보면 가장 풍성한 생명을 누리며 창조적 활동 능력을 길러야 할 아동기와 청소년 시기부터 죽음의 문화 속에서 살아간다. 대학 입시에 집중된 교육 환경으로 인해 거의 모든 학생이 경쟁의 소용돌이에 내몰리고 있다. 더욱이 소수의 인원으로 한정된 명문대를 나와야만 성공할 기회가 더 많이 주어지는 현실 때문에 그 울타리 안에 들어가기 위해 기를 쓰고 죽을 듯이 공부에 매달린다. 하지만 안타깝게도 이러한 현상은 대학을 나와서 사회에 진출하더라도 해결되지 않고 계속 이어진다. 전공에 맞는 직업을 얻는 것이 현실적으로 쉽지 않고 그래서 대안적으로 마지못해 직업을 구하지만, 주거를 포함한 생활비를 청년들이 감당할 수 없는 현실이다. 그러다 보니 가정을 꾸리고 자녀들을 낳아 양육하는 일은 생각하기조차 힘든 상황이 되어 버렸다. 또한 직업이 세분화되고 직장 환경의 유연성이 높아지며 고용 형태도 기한이 정해진 계약직으로 빠르게 바뀌고 있다. 이러한 사회의 변화에 중년 세대들 또한 적응하기 쉽지 않다. 그래서 많은 중년은 불안정한 경제 활동과 낮은 임금으로 가정의 생계와 자녀 교육비까지 책임져야 하는 부담을 안고 살아가고 있다. 노년이 되어서도 마찬가지다. 우리 사회는 지금 초고령화 사회로 진입하는 시점에 와 있다.[6] 그리고 평균 수명도 약 84세로 상당히 높다. 문제는 노인들이 노쇠와 함께 많은 질병을 앓고 살아간다는 것이다. 여러 연구에서 공통적으로 말하는 것은 노인들에게 가장 큰 스트레스가 가족들에게 짐이 되는 것이라고 한다. 특히 경제적 여력이 없는 노인들에게는 더욱 노년의 삶이 힘겹다. 그래서인지 우리 사회의 노년층의 자살률이 가장 높다.

자연스럽게 누군가는 경쟁에서 뒤처져서 자신만의 안전지대를 만들지 못하고 공동체에서 밀려나곤 한다. 실패와 좌절을 겪으면서 점점 자신을 잃어 가고 자기 존재마저도 스스로 인정하지 못한 채 무기력한 상태로 살아간다. 설령 경쟁에서 승리하여 많은 성공과 성취를 이룬다고 할지라도 그것이 가져다주는 기쁨은 지속되지 않는다. 성공이 주는 기쁨과 안전지대에서 느끼는 행복은 마치 아침에 피었다가 저녁에 지는 들꽃과 같다. 잠시 머물다가 사라지는 허무한 것들이다. 생명이 단절된 가족 공동체와 사회에서 살아가는 사람들은 심각한 우울을 겪게 된다. 우울은 자신의 힘으로는 할 수 없는 현실의 장벽과 무기력을 느낄 때 찾아온다. 우울증이 심해질수록 자살 생각을 하게 된다. 죽음만이 자신이 할 수 있는 유일한 돌파구가 될 수 있다고 생각하기 때문이다.

안타깝게도 우리나라의 자살률은 세계에서 가장 높다.7 2021년도에는 한 해 동안 자살자 수가 12,975명에 이르러 한 달 평균 1,000명 넘게 목숨을 끊는 상황이 벌어졌다. 통계청에서 제공한 자살 원인을 살펴보면 다른 원인에 비해 정신적 문제가 가장 높았고(38.4%) 그다음이 경제생활 문제(25.4%)였다. 남성들의 경우에는 경제생활 문제가 가장 큰 자살의 원인(31.8%)이었고 여성의 경우에는 정신적 원인이 월등하게 높았다(56.4%). 평균적으로 젊은이들에게는 정신적 원인이 높았지만, 중년으로 갈수록 경제생활이 문제가 되었고 여성에게 있어서는 전 연령대에서 정신적 원인이 가장 높았다. 최근 5년간 자살(자해) 시도 건수를 보면 여성의 비율이 지속 증가하고 있다. 2020년도에는 남성과 비교했을 때 거의 두 배 가까이 차이가 났다(남성이 13,729건, 여성이 21,176건). 연령대로 보면 20대가 가장 많은 자살(자해) 시도를 했던 것으로 나타났다(시도 건수 10,007건, 28.7%). 하지만 실제로 자살한 경우는 남성이 여성보다 훨씬 많았고 80대에 이르러서는 3.4배(여성 35.2명, 남성 118명)가 되었다.

이러한 통계는 우리 사회가 정신적 지지와 존중을 받을 수 있는 환경과 여건이 열악하다는 현실을 보여 준다. 또한 경제적 요인으로 인해 어려움을 겪고 있을 때 이를 해결할 수 있는 방법을 찾기 어렵거나, 서로 도움을 주고받을 수 있는 지지 기반이 약하다는 것을 알 수 있다. 우리는 사회 속에서 개인에게 요구되는 지위와 역할을 책임감 있게 잘 수행함으로써 건강한 공동체를 만들어 간다. 이러한 사회는 서로에 대한 지지와 협력이 유기적으로 잘 작동한다. 하지만 죽음의 세력이 강하게 작동하고 있는 곳에는 서로에 대한 지지와 협력이 단절되거나 특정한 방향으로 경직되어 있어서 획일화되고 경도된 기준이나 가치들이 생성된다. 대부분 사람은 그 기준에 맞는 행동을 하도록 강요받거나 자기 검열을 하며 사회가 원하는 요구에 충성하게 된다. 사회의 가치와 기준을 만드는 세력들은 주로 정치, 경제에서 이미 최고의 자리를 선점한 사람들이다. 이미 최고의 부와 명예를 누리며 살아가고 있어서 그것이 사람들에게는 추구해야 할 목표가 되고 내가 잘살고 있는지에 대한 평가 기준이 된다. 그들은 단지 현재 누리고 있는 자신들만의 안전지대를 더욱 견고하고 높이 쌓아가고 있을 뿐이다. 마치 고대인들이 바벨탑을 쌓듯이 말이다. 특이하게도 사람들은 이런 계층의 구분과 울타리를 싫어하지 않는다. 모두가 가장 높은 계층으로 상승하고자 하는 욕망이 있고 그것이 가능하다고 믿고 있기 때문이다. 하지만 그렇게 될 가능성이 점점 희박해지고 있다는 것을 우리는 현실에서 경험하고 있다.

트리나 포올러스Trina Paulus는 그의 저작 『꽃들에게 희망을』에서 죽음의 문화 속에서 살아가는 우리의 민낯을 적나라하게 드러낸다. 애벌레들은 꼭대기를 향해 쉴 새 없이 기어오른다. 그들에게 목표는 단 한 가지, 남들보다 높이 올라가는 것뿐이다. 구름에 가려져 있어서 정상에 무엇이 있는지 밑에서는 보이지 않는다. 그런데도 수단과 방법을 가리지 않고 다른 애벌레들을 밟으며 무작정 올라간다. 힘겹게 오르다가 밟히고 지친 애벌레들은 땅 아래로 떨어진다. 우리 사회에서 경험하고 있는 실제 상황이다. 함께 살아가야 하는 이웃을 배제하면서 우리는 무엇을 얻기 위해 그렇게 열심히 살아가는가? 남들이 모두 원하는 행복을 좇는 것이라면 안개처럼 막연하지 않은가? 꼭대기에 오른다고 한들 진정한 나를 찾을 수 있을까? 나 자신을 잃어버리고 존재의 가치를 느끼지 못한다면 우리는 살아갈 이유마저 동시에 잃어버릴 수 있다.

내가 고등학교에 다닐 때는 이러한 구분과 벽들이 별로 느껴지지 않았다. '개천에서 용 난다'는 말이 실감 날 정도로 가난하고 어려운 형편에 있는 친구들이 높은 계층으로 진출하는 경우가 많았다. 당시 보통의 고등학교 한 반에는 가정 형편과 상관없이 모두가 섞여서 친하게 지냈다. 그들 중 어떤 이들은 법조인이나 의사가 되기도 했고 어떤 이들은 조직폭력배의 일원이 되거나 사회의 밑바닥에서 힘들게 살아가기도 했다. 의사, 검사, 교사, 일용직 노동자, 직장인, 동네 가게나 식당 주인, 깡패 등이 한때는 한 반에서 공부했던 동창이었고 친구였다. 그러다가 어느 순간에 교육 환경이 조금씩 바뀌더니 영재들을 특별하게 육성해야 한다는 명목으로 과학고등학교, 외국어고등학교, 국제학교 등이 설립되었다. 이후에 몇몇 일반 고등학교를 자율형 고등학교로 전환하면서 점점 부유한 집안의 자녀들만 들어갈 수 있게 되어 점점 울타리가 높아졌다. 현실적으로 그런 특수학교에 입학하기 위해서는 어렸을 때부터 많은 돈을 들여 사교육을 하지 않으면 불가능하다. 이미 고등학교부터 사회적 계층 간의 이동이 힘든 문화가 형성된 것이다. 이런 환경에서 학교에 다니는 청소년들은 오늘도 경쟁에서 살아남기 위해 엄청난 스트레스를 받으며 몸이 휘도록 공부하고 있다. 이것이 우리 사회의 현실이다.

학원들이 빼곡히 들어서 있는 건물의 한 정형외과 병원에서 근무하고 있는 한 지인이 이런 이야기를 들려주었다. 그 병원의 주 고객이 학원에 다니는 학생들이었고 보통 학교 수업이 끝나면 물리 치료를 받고 학원에 간다고 했다. 놀랍게도 어린 나이에 벌써 허리가 S자로 휘어 있는 학생들이 대부분이라고 한다. 한창 활동이 많아야 할 청소년들이 잘못된 자세를 취하고 오랫동안 앉아 있기 때문이다. 우리 사회는 어렸을 때부터 점점 제 나이에 맞게 누릴 수 있는 삶의 기쁨이나 행복을 경험하지 못하고, 어둡고 차가운 벽으로 둘러싸인 공간 안에서 자신을 스스로 위로하며 겨우 생존하는 법만을 터득하며 사는 것 같다. 자살을 부추기는 생명 없는 사회 속에서 살아간다. 애벌레의 진정한 실존은 나비로 살아가는 것이다. 힘들게 기어 올라가지 않아도 그들은 날 수 있는 존재들이다. 우리도 하나님을 닮은 인간으로서 영원을 누리며 살아가는 존재들이다. 이러한 정체성을 항상 간직하며 살아가는 것이 잘 사는 법이다.

자살의 원인

왜 자살을 하는지, 그 원인에 대해서 다양한 해석과 설명들이 있다. 넓게 세 가지로 분류할 수 있다. 첫째, 개인의 문제로 설명하는 이론. 둘째, 개인을 둘러싼 사회의 문제로 설명하는 이론. 셋째, 개인의 심리적 차원과 사회의 문제를 결합한 대인관계심리로 설명하는 이론이다.

개인적 문제

그동안 많은 사람이 자살을 개인의 정신적이고 심리적인 문제로 생각해 왔다. 심리학자인 리나스Antoon A. Leenaars는 자살을 가리켜 '대인 관계의 무대에서 드러나는 정신 내부의 드라마'[8]로 여기고 자살의 이유에 대해 다음과 같이 설명했다.[9]

첫째는 프로이트Sigmund Freud의 정신분석 이론에 기초하여 욕망했던 사람이나 대상과의 상실 관계에서 자살의 원인을 찾는다. 그 상실한 슬픔과 분노가 너무 커서 오히려 상대에게 벌을 주고 싶은 욕망으로 자기 파괴적 행동을 하게 된다. 여기서 벌을 주고 싶은 대상은 나에게 상실을 주었던 사람이나 대상이 아닌 상실을 당한 자신이다. 설령 상실을 주었던 상대에 대해서 분노가 일어나도 애정의 대상을 자신과 동일시하여 나를 벌하게 된다는 것이다.

둘째는 인지적 제약으로 인해서 인지 상태가 제 기능을 하지 못하는 경우 자살하게 된다. 사고가 경직되거나 초점이 좁아지고 주변부는 전혀 인식하지 못한 채 한 곳만 집중하는 현상들이 인지 제약이다. 우울증이나 강박 장애, 정신 분열증, 공황 장애, 히스테리성 장애와 같은 정신병적 장애 등이 있는 경우는 이런 상태를 더욱 심화시키고 삶에 대해 부정적 평가를 하게 만든다. 현재와 미래의 상황에 대해 자신이 선택할 수 있는 모든 것을 부정적으로 생각하여 정상적 사고를 할 수 없는 경우다.

셋째는 분노를 표출하는 방법을 제대로 배우지 못하고 주변으로부터 받은 영향이 강화되거나 학습되어 자살을 시도하게 된다고 설명한다. 헤밍웨이Ernest Hemingway는 심한 우울증과 편집증에 시달리다가 결국 아버지가 자살한 방식으로 자신을 총으로 쏴 스스로 목숨을 끊었다.

이러한 심리학적 원인은 우울증, 공황 장애, 조현병, 무기력감

등의 정신 질환과 스트레스가 포함되어 있고[10] 우울증이 가장 큰 요인으로 나타나고 있다. 우울증은 개인이 사회 안에서 환영받지 못한다고 느끼거나 시도하는 일마다 좌절되었을 경우, 또는 자기 존재에 대해 극도의 무력감과 무가치함을 느낄 때 주로 발생한다. 하지만 우울증을 앓고 있는 사람이라고 해서 모두 자살을 시도하지는 않는다. 자살 행동까지 이어지는 것은 개인의 기질과 환경이 많은 영향을 미친다. 심각한 우울증을 앓고 있는 사람도 삶에 대한 의지가 강하고 가족에 대한 책임감이 있는 경우는 자살 충동을 잘 이겨 내며 살아간다.

참혹한 나치 수용소에서 살아남았던 빅터 프랭클Viktor Frankl은 인간 존엄이 거세된 극도로 무력하고 폭력적인 상황에서 삶의 의미를 찾으려고 애쓰며 가족에 대한 사랑을 지키면서 견뎌 냈다. 풀려난 후 수감 생활을 기록한『죽음의 수용소에서』는 말 그대로 죽음보다 더 비참한 상황 속에서 생존하기 위해 동료를 배반하고 양심을 버린 사람들의 모습이 담겨 있다. 반면에 인간 존엄을 지키거나 빵 조각도 기꺼이 나누는 자비를 베푸는 사람들의 모습도 담겨 있다. 어떻게 살 것인가, 하는 선택권은 자신에게 달려 있으며 고통마저도 나의 존재의 일부로 여기고 그곳에서 삶의 의미를 찾고 인간의 존엄을 지키려는 노력이 필요하다는 점을 말해 주고 있다. 나의 지인 중 한 명도 극심한 우울증을 가지고 살아가며 주기적으로 찾아오는 자살 충동을 잘 견뎌 내고 있다. 그는 자신이 자살하지 않고 살아가는 이유는 가족이며 하나님이 주신 생명의 소중함과 작가로서 해야 할 일 때문이라고 말했다. 그러면서 인문학 강의를 통해서 자기 경험을 나누며 인간답게 살아가는 법을 나누고 있다. 자살을 개인의 정신적 질환으로만 문제 삼기에는 설득력이 별로 없다.

사회적인 문제

자살은 궁극적으로 개인의 선택이라 할지라도 사회적 환경이 많은 영향을 미친다. 사회학자 뒤르켐Emile Durkheim은 자살 행동을 심리학적 조건보다는 사회적 관계의 결과로 이해해야 한다고 보았다. 자살자는 그가 속한 사회와 어떤 관계를 맺고 있느냐에 따라 다양한 자살의 양태를 띠게 된다. 뒤르켐은 네 가지를 제시했는데 이기적 자살, 이타적 자살, 아노미적 자살, 숙명적 자살로 구분하여 설명한다. 이기적 자살은 개인이 속한 사회에서 세상에 존재하는 근거를 찾지 못할 때 일어나는 반면에 이타적 자살은 개인이 사회에 과도하게 몰입되거나 지나치게 통합될 때 일어난다. 건강하지 못한 사회나 공동체 속에서 환대를 받지 못하고 배제되거나 소외될 때 이기적 자살이 발생할 수 있고 충성심을 요구받는 집단주의 문화에서 자살을 할 수 있다.

아노미적 자살은 사회가 개인의 과도한 욕망을 통제하지 못할 때 발생하게 되는 반면에 숙명적 자살은 사회가 개인에 대한 과도한 규제를 할 때 발생한다. 우리나라에서 지난 IMF 경제 위기를 겪으면서 사업이 부도가 나거나 일터를 잃었을 때 통제되지 않는 허약한 경제 기반으로 인해 많은 사람이 자살을 했다. 또한 우리 사회는 지난 독재 정권 아래서 자유를 박탈당하고 정치와 경제가 심하게 규제당하거나 노동자들이 심한 착취에 시달렸다. 그때도 많은 이가 자살을 했다. 전자를 아노미적 자살, 후자를 숙명적 자살의 예라고 말할 수 있다.

지금 우리 사회는 경제적 이유로 인해 많은 사람이 자살을 하고 있다. 직업이 없는 사람은 안정적인 직업을 가진 사람보다 자살할 확률이 두 배 이상 높다.[11] 경제적 문제는 부부간의 갈등과 자녀 양육 문제와 더불어 노년의 부모님을 돌보는 문제까지 영향을 주고 있다. 2017년도 통계청 자료의 이혼 사유를 보면 성격 차이(45.2%) 다음으로 경제 문제(10.2%)가 가장 큰 요인으로 나타난다. 경제적 문제는 한 개인의 능력 여부와 관계없이 기회의 불평등과 차별에서 오는 경우가 많다. 학벌과 인맥 또는 지연으로 인해 직장이 쉽게 정해지는 경우나 정규직과 비정규직, 또는 남성과 여성의 차이로 인해 임금이 차별되는 경우 경제적 수입에 차이가 날 수밖에 없다. 수도권에 편중된 직장을 잡기 위해 지방에서 올라온 청년이 자취하며 취업 준비를 위해 치러야 하는 비용은 큰 부담으로 작용한다. 이런 상황에서 행여 실력과는 상관없이 명문대 출신을 우선시하거나 정치적 인맥으로 취업이 되었다는 뉴스를 접할 때 사람들은 상대적 박탈감과 절망감을 경험한다.

현재 우리 사회에서 부동산과 주식 열풍은 심각한 수준에 이르렀다. 지난 몇 년 동안 주로 수도권 지역에서 부동산에 투자한 사람들은 엄청난 부를 축적했고 이에 따라 가난하거나 열심히 노동해서 돈을 버는 사람들에게 엄청난 절망감을 안겨 주었다. 이런 아노미적 상황은 불평등하고 부조리한 사회 환경을 낳았고 가난한 사람들은 공동체의 관심에서 배제되어 조용히 죽음으로 내몰리는 지경에 이르렀다. 2014년에 벌어진 송파 세 모녀 사건이 사회적으로 큰 충격을 주었고 잠시 자성하고 사회 속에서 배제된 사람들을 구제하고자 하는 노력이 있었지만, 그 이후로도 비슷한 사건이 끊이지 않았고 2019년 한 해만 집단 가족 자살 사건은 공식적으로 34건이나 있었다.[12] 자살자들은 빈부 격차와 같은 사회적 문제와 직접적 관련이 없다고 하더라도 도시의 환경과 분위기 속에서 자신의 처지를 더욱 비관적으로 느꼈을 것이다. 경제적 요인은 우리 사회가 겪고 있는 중요한 병리 현상을 일으키는 주범이다. 사람들은 그 환경 속에서 정신적이고 심리적인 문제와 심지어 신체적인 질병까지 일으키게 된다는 점을 잘 인식하고 있어야 한다.

이러한 경제적 문제는 또한 정치적 요인과 결부되어 있다. 국가를 운영하는 지도자들의 능력과 정책에 따라 경제 상황과 환경이 달라지기 때문이다. 적절한 부동산 정책을 제시하고 건강한 노사 문화와 노동 환경을 조성하고 감독하는 것은 정부와 정치인들의 몫이다. 그동안 우리 사회가 심각한 병리적 문제를 겪고 있는 것은 상당 부분 정치인들의 책임이 크다.

사회 속 개인의 선택

한 개인의 자살은 심리적 요인과 사회적 환경 등 다양한 원인에 의해 영향을 받는다. 그렇다고 모든 사람이 자살을 실행하는 것은 아니다. 자살하는 사람들에게 결정적 요인이 존재한다. 자살을 실행하기까지 영향을 미치는 원인에 대해 미국 플로리다 주립대학교의 교수인 조이너Thomas Joiner는 대인관계심리이론 Interpersonal Psychological Theory of Suicide: IPTS을 제시했다. 조이너의 대인관계심리이론은 자살을 하게 되는 메커니즘을 세 가지 요소를 들어 설명한다.[13] 좌절된 소속감thwarted belongingness, 자신이 남에게 짐이 되는 존재라는 생각perceived burdensomeness, 습득된 자살 잠재력acquired capability for suicide.

인간의 삶에서 가장 필요한 것이 인간관계에서 오는 소속감이다. 관계의 필요가 충족되지 못하면 다양한 심리적 병리 현상을 경험하게 되고 소속 욕구가 완전히 소멸한 상태에 이르게 되면 자살하고 싶다는 생각으로 이어진다. 그리고 자신이 타인들에게 짐이 된다고 생각할 때 자살 욕구가 생기게 된다. 하지만 좌절된 소속감이나 남에게 짐이 되는 존재라는 생각 때문에 자살을 시도하지는 않는다. 두 가지 상황으로 인해 '무망감'[14]의 상태에 도달할 때 적극적 자살 욕구를 지니게 된다. 그러나 적극적 자살 욕구를 지닌 사람 중에서도 실제 자살을 계획하고 시도하는 사람은 일부에 그친다. 그 이유는 자살 행동의 고통과 공포 때문이다. 이것은 세 번째 요인인 '습득된 자살 잠재력'으로 설명할 수 있는데 자살 행위가 동반하는 고통이나 공포를 충분히 극복할 수 있다고 믿는 경우 자살 잠재력이 생긴다. 반복되는 자살 시도나 자살 경험이 자살에 대한 안도감을 주어 자살 잠재력을 상승시킨다는 것이다.

대인관계심리이론을 통해서 우리는 어떤 심리적 상태나 상황을 자살 행동의 요인으로 너무 쉽게 판단해서는 안 된다는 사실을 배울 수 있다. 많은 연구가 우울을 자살 생각의 중요한 요인으로 제시한다. 하지만 극심한 우울과 같은 정신 장애를 앓은 절대다수의 사람들이 자살하지는 않는다. 오히려 사회적 고립, 실업, 가족 갈등, 신체적 질병의 치료 과정 등과 같은 사회적 요인이 자살 생각에 직접적 영향을 미칠 수 있다. 하지만 이러한 요인들마저 자살 행동과 어떠한 관계가 있는지는 조금 더 면밀하게 살펴보아야 한다. 자살 생각을 실행으로 옮기기까지는 다음 단계, 즉 자살에 대한 두려움을 제거하고 자살의 잠재력을 증가시키는 단계가 아직 남아 있기 때문이다. 자살 생각이 들지 않도록 도움을 주는 것과 동시에 자살을 행동으로 옮기지 않도록 예방하는 것이 더욱더 중요하다.[15]

자살 행동은 위에서 살펴본 것처럼 개인의 심리적 이유나 사회적 관계 속에서 매우 복잡하게 얽혀 있다. 가족은 왜 그/그녀가 자살했을까를 밝히기 위해 자살 충동을 일으키는 한두 가지의 중요한 원인을 찾으려고 하지만 단일한 원인은 존재하지 않는다는 것을 인식할 필요가 있다. 수많은 원인 가운데 정신·심리학적, 사회적 요소가 확연하게 두드러질 뿐이다. 자살 행동은 복잡하고 다양한 원인으로 얽혀 있다. 그러다가 어떤 결정적 사건이나 상황을 통해서 자살을 실행하게 되는 것이다.

생명의 시각으로 자살 바라보기

막상 우리 주변에 자살이 발생하면 그 상황을 어떻게 받아들여야 할까? 그리스도인들은 자살을 받아들여야 하는가, 아니면 부정해야 하는가? 성경은 자살에 대해 어떻게 가르치는가? 자살자의 유가족들을 어떻게 대해야 할까? 당황스럽고 혼란스러울 때가 있다. 자살은 기독교 역사에서 대체로 금지됐다. 하지만 사회와 정치적 상황에 따라 자살을 대하는 태도와 규제 정도가 달랐다. 그만큼 성경의 가르침이 명확하지 않기 때문이다. 기독교에 영향을 주었던 사상가들의 자살 이해를 시대별로 살펴보는 것도 자살에 대한 올바른 시각을 갖는 것에 도움을 준다.

기독교 교리와 사상에 상당한 영향을 끼쳤던 고대의 철학자는 플라톤Plato과 아리스토텔레스Aristotle다. 플라톤은 영육 이원론과 영혼불멸설을 주장하며 죽음을 신체에서 영혼이 해방되는 것으로 보았다. 그리고 자살은 '신체에서 영혼을 스스로 풀어 주는 것'이라고 생각했다.[16] 하지만 스스로 영혼을 풀어 주는 것을 신의 뜻에 어긋나는 일, 곧 수치스럽고 생명을 파괴하는 행동으로 여겼다. 그래서 자살자는 "묘비도 없이 묻혀야 한다"고 역설했다.[17] 아리스토텔레스 역시 자살을 인정하지 않았는데 『니코마코스 윤리학』에서 다음과 같이 언급했다. "가난이나 사랑이나 고통에서 벗어나기 위해 죽는 것은 용감한 사람의 표식이 아니라 겁쟁이의 표식이다." 그리고 자살은 국가에 반하는 것이며 잘못된 것이기 때문에 처벌받아야 한다고 주장했다.

이러한 고대의 철학 사상은 기독교 교부들에게 영향을 주었다. 교부들은 하나님의 주권과 공동체적 관점에서 자살을 단호히 거부하고 금지했다. 자살 죄에 대한 신학적 입장을 최초로 관철시킨 아우구스티누스는 자살을 구원받을 수 없는 죄로 여겼다.[18] 생명의 주권은 하나님에게 있으므로 스스로 목숨을 끊는 행위는 하나님의 권리에 대항하는 죄이며 특히 십계명의 여섯 번째 계명인 살인죄를 저지른 것과 다름없다고 보았다. 그는 『신국론』에서 다음과 같이 주장했다.

"우리가 말하고, 선언하고, 확증하나니 어떤 식으로든 일시적인 고행을 피하고자 스스로 죽는 자는 영벌에 떨어질 위험을 무릅쓰는 셈이다. 아무도 타인의 죄를 위하여 자기 목숨을 내놓아서는 안 된다. 타인의 죄가 우리를 더럽히지 못하니 이는 가장 큰 죄를 범하는 것이다. 아무도 사후의 삶이 더 나을 거라는 희망으로 스스로 목숨을 끊어서는 안 된다. 스스로 죽는 죄를 저지른 자들은 그러한 내세에 결코 이르지 못한다."

이러한 교회의 주장은 기독교를 국교로 채택한 로마 제국의 법으로 제정되어 더욱 강화된다. 대체로 고대 로마 시민법은 자살에 대해 너그러웠다. 몇 가지 이유만 빼고는 거의 모든 자살이 허용되었다. 기원전 1세기부터 기원후 1세기까지 상당히 많은 로마의 유명인들이 정치적 이유로 자살했다는 기록이 있다.[19] 이외에도 패전한 군인의 자살, 자발적 검투사들의 유희적 죽음, 이타적 자살, 수치를 면하기 위한 자살을 허용했다. 스토아 철학의 영향을 받은 로마의 귀족들은 늙어서 몸이 쇠약해질 때 품위 있게 죽는 것을 찬양했다. 세네카Lucius Annaeus Seneca는 젊었을 때는 자살할 이유가 없지만 "육신이 모든 일에 쓸모없게 되었다면 육신과 함께 하느라 괴로워하는 영혼을 놓아주는 것이 어떠한가?" 하며 "이성이 결여된 영혼만 남는다면 나는 망가지고 이제 곧 무너질 이 집을 떠나리라"[20]라고 다짐했다.

하지만 이후에 제국을 유지할 노동력과 군사력이 부족해지자 인명을 보호하기 위한 수단으로 자살을 강하게 금지했다. 자살하는 사람의 재산을 몰수하는 등 자살을 억압하는 다양한 법들이 제정되었다. 교회도 소유지가 늘어나자 소작농이나 노예를 해방하기보다는 그 생명까지도 주인에게 예속되어 자살하게 되면 주인의 재산을 훔친 것과 다름없이 죄로 간주했다. 사회, 경제, 정치 상황으로 인해서 교회까지 더욱 자살을 금지하는 강경한 태도를 보이지 않을 수 없게 되었다. 그러니까 사회적으로는 황제와 영주 그리고 종교적으로는 하나님과 교황만이 이들의 생명을 좌우할 수 있게 된 것이다.[21] 교회는 순교적인 죽음에는 유보하는 태도를 보이다가 아우구스티누스 이후로는 이러한 역사적 맥락과 더불어 고대의 이교 문화가 침투하지 못하도록 자살 금지를 교회의 절대적 교리로 정착시켜 나갔다.

토마스 아퀴나스Thomas Aquinas는 『신학대전』에서 자살을 해선 안 되는 세 가지 이유를 제시했다. 첫째, 자연법에 어긋난다는 것이다. 자신을 사랑하고 살고자 하는 것은 자연적 원리인데 자살은 이에 반하는 행동이다. 둘째, 우리는 공동체의 일원이며 그 안에서 각자 맡은 역할이 있으므로 자살 행위는 자살자가 속한 공동체에 손해를 끼친다. 셋째, 생명의 주인은 하나님이기 때문에 자살은 하나님에 대한 생명의 의무를 어기고 하나님 앞에 죄를 짓는 것이나 다름없다. 중세 교회에서는 이러한 견해를 발전시켜 생명의 주권이 하나님에게 있고 각 개인은 신체에 대한 사용권만을 가질 수 있으므로 자살이 하나님과 인간의 관계를 무효화할 수 있다는 점을 경고한다. 자살을 신성 모독으로 간주하여 자살자의 재산은 몰수하고 기독교식 장례는 치를 수 없게 했다.

인간의 이성에 눈을 뜨고 개인의 자유를 추구했던 르네상스 시대에는 권위주의에서 벗어나려는 분위기가 형성되었다. 여러 문학 작품에서 고대 이교도들의 영웅적 죽음을 찬양하는 이야기들이 등장했고 마치 자살을 고통의 현실을 벗어나 피안의 세계를 찾을 수 있는 길처럼 표현하는 작품들도 있었다.[22] 반면에 자살을 악마의 유혹으로 여기고 반대하려는 경향도 짙었다. 사람들의 의식 속에는 악마 또는 사탄이 인간의 생각과 감정을 조종하여 혐오스러운 자살을 꾸민다는 생각이 자리 잡고 있었다. 이런 사회 분위기에 영향을 받지 않도록 교회는 자살을 죄로 여기는 교리를 더욱 견고하게 가르쳤다. 르네상스의 영향을 받아 일어난 종교개혁의 사상가들은 자살 문제에 관해 이렇다 할 대응을 하지 않고 짧은 글을 통해 간략하게 언급할 뿐이었다. 종교개혁자들은 철옹성 같은 교황 제도 아래 부패를 일삼았던 이들과 싸우면서 신앙의 본질을 찾기 위해 집중했던 터라 겨를이 없었을 것이다. 루터Martin Luther는 자살 행위를 자신의 의지에 따른 것보다는 마귀의 힘에 장악되어 극복하지 못했기 때문에 벌어진 현상으로 이해했다. 칼뱅Jean Calvin은 아우구스티누스의 견해에 따라 단호하게 반대했다. 고난의 순간에도 끝까지 하나님이 구원하여 주실 것을 믿어야 하는데 자살은 이 믿음을 역행하는 죄라고 보았다.[23]

17, 18세기에 들어서면서 자살을 종교적 문제에서 벗어나 인간의 권리와 감성 그리고 사회적 측면에서 이해하려는 경향이 점점 두드러졌다. 17세기 계몽주의 시대에 접어들어 이성과 과학의 영역이 점차 확대되자 자살이 하나님의 질서나 자연법을 위배한다는 견해를 반박하는 주장들이 생겨났다. 서양 철학자 중 자살을 죄의 개념과 분리해서 생각해야 한다고 주장했던 대표

적 인물이 데이비드 흄David Hume이었다. 그는 『자살에 관하여On Suicide』라는 저서에서 하나님은 인간이 극심한 질병이나 재난을 당하는 것을 원치 않기 때문에 때로는 "어떤 목적을 이루기 위해" 강물의 흐름을 바꾸어 놓을 필요가 있듯이 자연을 거스르는 것이 허용될 수 있다고 주장했다.[24] 극심한 고통을 겪고 있다면 오히려 죽음으로써 고통에서 벗어날 수 있다는 것이다. 또한 타인에게 실제로 큰 해가 되고 부담이 된다면 자살은 오히려 칭찬받아야 한다고까지 주장했다.

성공회 사제였던 존 던John Donne은 『자살론』에서 신학적 견해를 피력했는데 성경에서도 순교나 사형, 그리고 전쟁에서 죽음을 허용하고 있다고 지적하며 "죽음을 통해서 완전한 성취를 이룰 수 있으며 자살의 결과로 신을 만나고 내세를 경험할 수 있다는 기대감"[25]을 가지게 된다고 했다. 이 시기에 자살에 대한 논의는 자연법이나 신학적 관점에서 벗어나 개인의 심리 상태와 환경 안에서 고려하게 되었고 그 책임성까지 두드러지면서 활발하게 이루어졌다. 자살을 비판하고 반대하는 경우, 종교적 근거를 들지 않아도 순전히 철학적 관점에서 주장할 수 있게 되었다. 자살은 생명권과 자연법에 위배되며 자살을 용납한다는 것은 인간의 모든 법을 파괴하는 것이고 법을 어긴 최고의 형벌인 사형이 힘을 발휘할 수 있기 위해서라도 자살을 금지해야 한다는 것이다. 자살을 신앙만 아니라 이성의 관점에서도 반대해야 할 근거를 찾을 수 있었던 것이다.

18세기에 들어서면서 영국과 프랑스에는 귀족들의 자살이 늘었고 대개 자연사처럼 취급되었다. 심지어 사제들 사이에도 자살을 옹호하는 사람들이 생겨났고 사랑하는 사람으로 인해 자살한다든지, 삶에 대한 권태로 인해 자살한 경우도 있었지만 아무런 처벌을 받지 않았다.[26] 18세기 말에는 종교와 도덕의 형식주의를 부정하고 인간 내면의 감성을 중요시하는 낭만주의의 영향으로 자살을 오히려 긍정하는 분위기가 형성되었다. 괴테Johann Wolfgang von Goethe와 같은 낭만주의 작가들은 자살을 어쩔 수 없이 고통을 피하고자 선택하는 것으로 묘사한다. 괴테는 『젊은 베르테르의 슬픔』에서 베르테르는 로테와 사랑에 빠지지만 이룰 수 없는 사랑 때문에 괴로워하며 권총으로 자살하고 만다. 이 소설이 출판된 이후 수많은 사람이 베르테르를 따라 모방 자살을 시도했다.[27] 그 당시 자살은 더 이상 죄악이 아닌 현실의 고통에서 벗어날 수 있는 해결책이었다.

산업화가 진행되었던 근대에는 사회가 급변하면서 자살을 이해하는 시각이 많이 달라지고 다양해졌다. 산업과 기술의 발달이 편리한 사회를 만들었지만, 동시에 편중된 자본의 힘은 사회의 모순과 부조리를 가져왔다. 뒤르켐과 같은 사회학자들은 자살을 사회의 요인으로 해석하려고 했다. 자살에 미치는 사회적 요인은 자본주의가 극대화된 현대에 들어서면서 조금 더 명확해졌다. 앞에서 살펴보았듯이, 현대인의 자살 요인에는 경제적이고 정신적인 측면이 크게 작용한다. 이러한 사회 분위기 속에서 실존주의 사상가들은 자살의 원인을 삶의 의미를 찾지 못하거나 허무에 굴복하는 개별 인간의 결핍된 의지에서 찾았다. 실존주의 철학자들은 세계 내 존재世界內存在, In der Welt Sein로서 현존을 인식하고 현실 속에 필연적으로 주어지는 한계 상황을 극복하려는 실존으로서의 초월성을 강조했다. 세계 내 존재라는 것은 우리가 단순히 생물학적으로 존재하는 것이 아니라 서로 관계를 맺으면서 각자의 존재의 의미를 가지게 되는 세계가 있음을 전제한다. 그리고 그 세계 속에서 진짜 나를 발견한다.

실존주의자 야스퍼스Karl Jaspers는 현실 속에서 고통스러운 절망감을 경험하게 된다면 자신이 부족해서가 아니라 어떤 경우에도 해결할 수 없는 한계 상황이 존재한다는 것을 자각하고 이것을 삶의 디딤돌로 삼아 자신의 존재 의미와 삶의 의미를 설정할 것을 제시했다. 우리가 겪는 대표적 한계 상황이 바로 죽음이다. 우리가 죽음을 겪거나 언젠가 죽는다는 것을 인식하게 되면 초월자인 신을 생각하게 되고 내가 누구인지 그리고 어떻게 살아야 신 앞에서 잘 사는 길인지를 더욱 깊이 사유할 수 있다. 이러한 사상은 비록 초월성의 의미가 기독교의 가르침과는 다르다고 할지라도 개인의 인생을 인도하시는 하나님의 섭리로 삶의 의미를 해석하고 고유한 인간의 존엄을 지킬 수 있도록 돕는 신앙과 맥을 같이한다고 볼 수 있다.

하지만 자본의 힘이 지배하는 사회는 개인을 성찰하고 삶의 의미를 돌아볼 여지를 우리에게 주지 않는다. 생명의 가치는 무시되고 능력으로 평가받는 사회이기 때문이다. 생명을 전하는 교회마저 자본주의의 영향을 받게 되면 구성원은 교회 성장의 도구로 전락하고 만다. 성공하지 못한 사람들은 사회와 공동체로부터 소외되어 점점 사회적 관계가 단절되고 만다. 소속감을 상실한 이들은 살아갈 이유를 찾지 못하고 자살을 시도할 확률이 높다. 또한 현대에는 자살이 일정 부분 질병과 관련해 있다고 주장한다. 정신의학자들은 자살이 개인의 정신 질병의 원인으로 발생하고 있으며 특히 우울증은 자살 원인의 가장 큰 요소로 작용한다고 본다. 또한 자살이 유전의 원인으로 발생한다고 주장하기도 한다. 자살하는 사람들 중에는 부모나 형제들이 자살하는 경우가 더러 있기도 하지만 아직까지 확실하게 밝혀진 바는 없다.

그리스도인들의 자살 이해

교리적으로 완강하게 자살을 죄로 규정하고 금지해 왔던 가톨릭교회는 목회적 측면에서 유연하게 변화를 시도해 왔다. 1917년 종교법에서 정신 착란이나 이성을 잃은 상태에서 죽음이 일어났다는 의사의 증명이 있다면 장례식이 허용되었다.[28] 그러다가 자살에 대해 점점 관용적 자세를 취하게 되었고 비록 자살을 인정하지 않고 죄로 규정하면서도 자살한 자들을 가련하게 여기며 장례를 치르고 있다. 제2차 바티칸 공의회 이후에는 의학적 자료 없이도 자살자에게 종교적 장례를 치르게 했고, 1983년 교회법은 자살을 가리켜 '교회가 자비를 베풀어야 할 절망에 빠진 사람의 표지'라고 공식적으로 밝혔다. 자살에 대해서는 분명하고 확고하게 하나님의 뜻에 반한 죄라고 규정하고 금지하고 있다.[29] 그러면서도 목회적 차원에서는 자살 유가족들을 위해 장례를 치르고 상실의 슬픔을 잘 이겨 낼 수 있도록 돕고 있다.

하지만 여전히 개신교에서는 자살에 대해 매우 근본적 태도를 보인다. 자살의 원인에 대해 깊이 성찰하기보다는 자살을 죄로 규정하는 교리적 입장만 고수하여 자살자를 정죄하고 장례를 치르는 것을 매우 꺼리는 것이 일반적이다. 어떻게 보면 자살은 개인의 문제이기보다는 한국 사회와 교회 내부의 문제들이 겉으로 분출되는 '사회 병리적 현상의 일부'[30]라고 볼 수 있는 사건들이 많은데도 말이다. 물론 자살을 예방하는 차원에서 강한 어조로 자살을 금지하는 것은 바람직하다. 하지만 가족을 잃은 슬픔에 잠겨 있는 유가족을 위로하지는 못할망정 자살자를 범죄자로 취급하는 것은 매우 안타까운 일이다.

그렇다면 성경에서는 자살에 대해서 어떻게 가르치고 있을까? 성경의 내용에서는 자살자들이 몇몇 등장한다.[31] 하지만 자살에 대해 뚜렷하게 죄의 여부를 명시하지 않는다.[32] 앞에서 살폈듯이 교회는 자살을 살인과 연계하여 십계명의 제6계명인 "살인하지 말라"는 명령에 따라 가르치고 있다. 자살은 엄격히 말하면 타살인 살인과 다르다. 타인의 생명에 해를 가하는 것은 분명한 죄에 해당한다. 하지만 개인이 스스로 목숨을 끊는 것은 타인에게 해를 끼치는 것은 아니기 때문에 이 경우에도 죄가 될 수 있는지 생각해 볼 여지가 있다. 모세 율법의 핵심은 하나님의 주권을 세우는 것이며 그의 백성인 이스라엘이 그의 주권 아래서 하나님의 통치를 실제적 삶의 원리와 기준으로 여기며 살아가는 데 있다. 다분히 공동체적이고 이타적인 성격이 강하다. 하나님의 본성 자체가 삼위일체의 공동체성을 지니고 있기에 그분의 성품이 율법에 스며들어 있다고 볼 수 있다. 성경에 자살하지 말라는 규정이 명시적으로 나타나지 않는데도 타인과 공동체에게 피해를 주지 않는 개인의 죽음에 살인죄를 적용할 수 있는가, 하는 의문이 생긴다. 자살과 구원의 관계에 있어서도 자살했다고 구원을 받지 못한다고 단정할 수 없다. 구원은 우리가 예수 그리스도를 주로 인정하고 그분을 통해 베푸신 하나님의 사랑을 받아들이는지 여부에 달려 있다. 자살의 여부가 구원을 결정하지 않는다는 것이다. 하나님이 우리를 위해 자신의 아들을 십자가에 희생 제물로 삼아 죄로부터 해방하고 영원한 생명을 주신 그 은혜를 받아들이며 하나님과 인격적 관계를 누리는 사람들이 구원받은 성도들이다.

이 문제에 관해서는 생명과 죽음의 관점에서 이해하는 것이 바람직하다. 모든 생명은 하나님이 주신 것이며, 특히 인간은 하나님의 형상대로 창조된 특별한 존재다. 자신의 생명이라고 할지라도 생명을 함부로 다루거나 스스로 목숨을 끊는 행위는 하나님의 사랑에 어긋나는 행위다. 또한 죽음은 하나님의 뜻이 아니다. 하나님은 우리에게 생명을 주길 원하셨다. 최초의 인간이 하나님의 권위에 도전하여 스스로 하나님이 되고자 했을 때 하나님은 그에 대한 형벌로 죽음을 내리셨지만 끝까지 사랑하셔서 인간을 구원하시길 원했다. 결국 하나님은 인간에게 영원한 생명을 주시기 위해 자신이 대신 죽음으로써 더 이상 죽음이 영향을 미치지 못하도록 하셨다. 그런 하나님의 사랑과 예수님의 은혜로 인해 우리는 새롭고 영원한 생명에 대한 소망을 갖게 되었다. 하지만 여전히 우리는 죽음과 같은 고통에 무너지고 굴복하고 만다. 우리는 이러한 연약함마저도 긍휼히 여기시고 은혜를 베푸시는 하나님의 사랑에 기댈 수밖에 없다.

또한 자살이 현대 사회에서는 상당 부분 정신 병리학적 문제로 다루어지고 있다. 병리적 자살은 신체 및 심리적 질병에서, 극심한 좌절이나 절망의 상태에서 무의식적 요인, 사회적 상황과 복합적으로 작용하여 일어난다.[33] 자기 삶을 바꿀 수 없거나 도저히 극복할 수 없다고 생각하고 더욱이 신앙까지 무기력한 상황에서 자살은 그 분출구가 된다는 것이다.[34] 그리스도인들은 자살이 신학적인 교리 문제로 해석할 수 없는 질병과 관련한다는 사실을 인식할 필요가 있다. 그러므로 성경에 분명하게 명시되어 있지 않는 말, 곧 "자살하면 지옥에 간다"는 말로 자살자의 유가족들에게 깊은 상처를 주는 일을 멈추어야 한다. 오히려 스스로 목숨을 끊을 수밖에 없는 상황에 놓였던 고인의 심정을 이해하고 상실의 고통에 있는 유가족을 깊이 위로하고 품어 주는 것이 그리스도인이 해야 할 윤리적이면서도 인간적인 도리다.[35] 더불어 죽음을 초래하는 이 세상의 풍조에 저항하며 생명의 문화를 창조하는 데 힘쓰는 것이 더욱 중요하고 시급하다.

그런 측면에서 자살과 관련하여 교회가 해야 할 일이 분명해졌다. 비극적인 자살을 방지하기 위해서라도 교회는 자신뿐만 아니라 사회에 건강한 공동체의 모범으로서 책임이 있다는 것을 염두에 두어야 한다. 교회는 각 개인의 생활 환경이나 심리 상태를 잘 파악하여 자살 시도를 하지 않도록 방지할 수 있는 좋은 체계를 가지고 있다. 교인들이 자발적으로 참여하는 여러 소그룹 모임이 활발하게 이루어지고 있고 목회자들이 개인과 가족을 심방하는 좋은 전통을 가지고 있다. 이를 통해서 각 개인의 상황들을 파악할 수 있고 관계망을 형성하여 자살 위험에 처한 이들을 실행에 옮기지 않도록 도울 수 있을 것이다.

또한 정치 영역에서도 교회가 관심을 가져야 한다. 교회는 정치와 경제를 세속 영역으로 여기고 그것과는 상관없듯이 처신해서는 안 된다. 왜냐하면 그것은 하나님 나라의 가치인 평화를 이루고 공의와 정의를 실현하는 차원의 문제이며 자살을 부추기는 죽음의 문화를 몰아내는 가장 중요하고 필요한 대안이기 때문이다. 교회는 하나님 나라의 대사로서 우리가 속한 나라가 공정한 경제 분배와 정의로운 통치가 이루어지도록 예언자적 역할과 책임을 성실히 수행해야 한다. 국가와 사회의 지도자들이 공의롭게 지역 공동체를 섬기고 정의로운 사회를 만들어 가도록 도울 뿐만 아니라 그렇지 않을 때 강력하게 저항해야 한다. 현재 우리 사회 안에는 부조리와 불평등, 부정으로 인한 빈부의 차이와 계층 간 갈등이 깊어지고 있다. 교회는 사회 각층의 지도자들에게 올곧게 공의와 정의의 길을 제시해야 할 예언자적 사명을 감당해야 한다.

3장

죽음과 생명

당신은 나를 완전케 합니다.

「제리 맥과이어」의 대사 중

죽음과 생명의 역사

죽음을 통한 온전한 생명의 회복

사람들은 일반적으로 죽음의 반대를 생명이라고 생각한다. 하지만 생명은 죽음을 포괄한다. 신학자 루이스 벌코프Louis Berkhof는 "삶과 죽음은 존재와 비존재로서 대립되는 것이 아니라, 단지 서로 다른 존재의 양태로서만 대립"하는 것이라고 했다.[36] 세상이 시작되었을 때 세상은 생명으로 가득 차 있었고 그 안에는 죽음의 가능성이 존재했다. 죽음의 가능성은 마치 빛의 그림자와도 같다고 할 수 있다. 빛이 비추는 곳에는 늘 그림자가 생기기 마련이다. 그림자가 없는 분은 오직 하나님이다.

> …아버지께는 이러저러한 변함이나 회전하는 그림자가 없으십니다.
> 야고보서 1:17, 새번역

사도는 변함이 없는 하나님의 성품을 강조하면서 동시에 빛이신 하나님에게는 그림자가 없다고 묘사한다. 우리의 존재는 그 빛으로 시작되었기 때문에 충만한 생명을 갈망한다. 하지만 빛의 그림자인 죽음과 공존하고 있다. 그래서 생명이 있는 곳에는 죽음이 있기 마련이다. 그렇다면 죽음을 무작정 부정적인 것으로만 이해해선 안 된다. 죽음을 통해서 우리는 생명을 알게 되고 진정한 생명의 빛을 보게 된다. 아직은 희미하게 보이지만 언젠가는 온전하게 보게 될 것이다. 우리의 이성을 넘어서는 하나님의 신비가 여기에 있다. 하나님의 창조는 완전했고 에덴의 이야기는 창조의 시작에 불과하다는 것이다.

죽음과 생명의 공존은 얼핏 보기에는 이해하기 힘들다. 빛과 그림자가 동시에 존재할 수 없듯이 생명이 있는 곳에는 죽음이 사라지는 것이 이치에 맞다. 하지만 앞에서 살펴보았듯이 죽음은 세력으로 존재하기 때문에 우리가 사는 날 동안 죽음을 경험할 수밖에 없고 타인의 죽음을 통해서 우리는 죽음을 목격한다. 오로지 생명만이 편만해야 할 세상에 죽음이 들어온 것은 하나님의 창조 사역이 실패한 것을 의미하는가? 인간을 창조하신 것을 후회하실 정도면 처음부터 인간을 만들지 말았어야 한 것은 아닐까? 하지만 우리의 생각은 하나님의 깊은 뜻을 알고 그 지혜를 넘어서기에는 너무 얕다. 인간의 악함으로 인해 계획이 빗나간 것처럼 보이지만 하나님이 만물을 창조하시고 인간을 자신의 형상으로 빚으신 목적까지 실패한 것은 아니다. 하나님은 인간의 죄로 인해 편만한 죽음을 오히려 자신의 성품을 드러낼 도구로 삼으셨다. 공동체로 존재하시는 하나님은 사랑이시다(요일 4:8). 사랑의 하나님은 인간을 다시 회복할 계획을 가지고 계셨다. 하나님은 인간의 악행으로 인해 세상을 홍수로 심판하셨지만 노아와 그의 가족을 남겨 놓으셨다.

그러나 노아만은 주님께 은혜를 입었다.
창세기 6:8

그들만을 유독 남겨 놓으신 이유에 대해서 우리는 하나님이 사랑이시며 그분이 은혜를 베푸셨다는 것 외에는 알 길이 없다. 하나님은 노아와 그의 가족에게 방주를 짓게 하고 그 안에 정결한 동식물들을 선택하여 홍수를 피하게 함으로써 새롭게 시작할 여지를 남겨 두셨다. 홍수가 끝난 이후 하나님은 노아와 무지개 언약을 통해서 그와 그의 가족 그리고 남겨진 동식물들이 이 땅에서 새롭게 생명의 일을 시작하도록 하셨다. 노아와 맺은 언약에서 특이한 점을 발견할 수 있는데, 그 언약은 완전히 새로운 약속이 아니라는 점이다. 창세기 9장 1-7절의 기록을 보면 "하나님이 노아와 그의 아들들에게 복을 주시며 말씀하셨다. 생육하고 번성하여 땅에 충만하여라.…너희는 생육하고 번성하며 땅에 편만하여, 거기에서 번성하여라"라고 약속하는데 이는 타락 이전의 인간과 최초로 맺은 언약의 연속이었다.

하나님이 그들에게 복을 주시며 하나님이 그들에게 이르시되 생육하고 번성하여 땅에 충만하라, 땅을 정복하라, 바다의 물고기와 하늘의 새와 땅에 움직이는 모든 생물을 다스리라 하시니라.

창세기 1:28

이를 통해서 하나님은 인간에 대한 창조 목적과 그들을 향한 기대를 저버리지 않으셨다는 사실을 알 수 있다. 하나님은 노아에게 홍수처럼 인류 전체에 대한 심판은 더 이상 없을 것이라고 약속하신다. 그 이후 하나님은 인간의 죄악과 불순종에도 불구하고 인간을 구원할 계획을 세우시고 점진적으로 그 구원을 구체적으로 실현해 나가신다.

노아 이후의 세대들의 삶은 하나님의 기대와 다르게 또다시 악으로 가득한 문화를 만들어 냈다. 그런데도 하나님은 창조의 목적을 이룰 특별한 사람들을 남겨 두셨다. 불임의 땅, 광야와 같은 곳에도 오아시스가 존재하듯이 죄악이 편만한 세상 속에서도 하나님의 은혜를 입어 그분의 존재와 약속을 기억하는 사람들이 있었다. 하나님은 노아의 후손 중 아브라함을 보셨다. 우상을 숭배하는 사회 속에서 아브라함은 하나님의 존재를 갈망했다. 우상은 하나님과 대립하거나 하나님 없는 문화의 가시화된 형상이다. 우상을 숭배하는 것은 하나님의 존재와 전혀 무관한 정신과 생활 방식으로 살아간다는 것을 뜻한다. 이런 문화 속에서 하나님을 찾는다는 것은 특별한 은혜가 아니고는 쉽지 않아 보였다. 아브라함은 하나님의 부르심에 순종하여 뿌리내렸던 고향을 떠나 하나님이 지시한 아주 낯선 땅을 향해 갔고, 그 땅 가까이에서 하나님과 약속을 맺고 그분의 원대한 계획을 들을 수 있었다. 하나님과 아브라함이 맺었던 약속은 신의 약속으로서 반드시 이루어진다는 의미에서 언약이라고 칭한다. 실제로 언약을 맺으면서 하나님이 보여 주신 행동은 상호 간의 합의보다 일방적 헌신에 가까웠다. 당시의 문화는 짐승을 잡아 쪼개고 그것을 제단 위에 올려놓고 계약의 당사자들이 지나가는 것이 상례였다. 약속을 지키지 않으면 그 짐승과 같이 죽임을 당할 것이라는 의미다. 그런데 하나님과 아브라함의 언약 의식에서는 아브라함이 쪼개진 짐승 사이로 지나가지 않고 하나님만이 대신해서 그 자리를 지나갔다(창 15장). 그리고 우리가 잘 아는 것처럼 먼 훗날 그 언약은 십자가의 사건으로 성취되었다.

하나님이 아브라함과 맺은 언약의 핵심은 '복'에 관한 것이었다. 그 복에는 세 가지 의미가 담겨 있다. 첫째, 복을 받을 새로운 사람들. 둘째, 그 사람들이 살아갈 새로운 땅. 셋째, 복의 통로가 될 소명. 그 복은 지금껏 언급한 하나님의 생명이라고 말할 수 있다. 단절되었던 하나님과의 관계가 회복되어 그 생명이 하나님으로부터 인간에게 다시금 흘러갈 것이라는 약속을 아브라함에게 한 것이다. 그 약속은 반드시 이루어질 것이다. 예전처럼 인간이 타락한다고 하더라도 하나님은 홍수와 같은 분노의 심판을 내리지 않을 것이다. 인간들이 악을 행하고 하나님을 배반한다고 하더라도 그와 같이 엄청난 분노를 쏟지 않을 것이며 자비와 사랑으로 반드시 그 언약을 이룰 것이다.

그 언약은 아브라함과 그의 가족, 그리고 그 자손들에게 점진적으로 이루어진다. 하나님의 생명은 특별히 그들에게 흘러가 하나님의 보호를 받으며 확대되어 나간다. 인간의 몸으로는 아이를 가질 수 없는 나이(아브라함은 100세, 그의 아내 사라는 90세)에 아들, 이삭을 갖게 하셨고 이삭의 아들 야곱을 통해서 열두 부족의 이스라엘 민족을 이루셨다. 야곱의 가족은 그의 아들 요셉이 이집트의 총리가 되면서 그곳으로 이주하여 살게 되었고, 그 후손은 약 400년 동안 큰 민족을 이루었다. 그 후 하나님의 부르심을 받은 모세가 이스라엘 민족을 이집트로부터 구출하여 이끌고 나와 가나안 땅으로 인도했다. 광야에서 40년의 세월을 지내면서 하나님은 이스라엘 민족이 나라가 될 수 있는 기틀을 마련해 주었다.

하나님이 시내 산에서 직접 기록하여 모세에게 주었던 십계명과 세부 율법은 마치 한 나라의 헌법과도 같다. 그 율법에서 가장 중요한 축이 있다면 성막이다. 하나님은 이스라엘 진영의 한가운데에 성막을 짓도록 하셨다. 성막은 하나님과 그의 백성 사이에 소통을 가능하게 하는 공간이었다. 하나님은 다시 인간과 소통의 길을 여시고 인간은 그곳에서 제사를 드림으로써 하나님을 만날 수 있게 되었다. 하나님이 모세를 통해 이스라엘을 이집트에서 구원한 목적도 여기에 있다.

> …너는 바로에게로 가서 "나 주가 이렇게 말한다" 하고, 그에
> 게 이르기를 "나의 백성을 보내라. 그들이 나를 예배할 수 있
> 게 하여라."
> 출애굽기 8:1, 새번역

재앙으로 인해 하나님을 두려워했던 바로도 이렇게 반응한다.

> …너희는 주께 기도하여, 개구리들이 나와 나의 백성에게서
> 물러가게 하여라. 그러면 내가, 너희 백성이 주께 제사를 드릴
> 수 있도록, 너희를 보내 주겠다.
> 출애굽기 8:8, 새번역

하나님이 이스라엘을 선민으로 삼은 가장 중요한 목적은 제사
제도를 통해서 하나님과의 생명을 다시 흐르게 하는 데 있었다.
성막의 제사를 통해서 백성은 하나님과 소통하고 그로 인해 회
복된 생명의 물줄기는 각자의 삶의 현장에서 생명을 누리고 또
다른 생명의 길을 트게 했다. 구체적인 방식은 하나님이 율법의
규례와 세칙에 잘 설명해 놓으셨다. 성막의 지성소에는 만나와
싹 난 지팡이와 함께 십계명이 새겨진 돌판이 들어 있는 법궤가
놓여 있었다. 법궤의 덮개를 천사 모양으로 만들었는데 이를 속

죄소(시은좌: 은혜를 베푸는 자리, 출 21:22; 25:17, 히 9:5)라고 불렀는데, 이는 하나님 임재의 상징이었다. 하나님이 직접 다스리며 그의 법을 성실하게 지키는 백성에게 만나와 같은 하늘의 양식과 생명을 누리게 하시겠다는 그분의 의지가 담겨 있었다.

광야를 벗어난 이스라엘 민족은 하나님이 새롭게 마련한 약속의 장소인 가나안을 정복하고 정착하는 것이 우선의 과제였다. 다윗 왕에 이르러서 비로소 약속받은 영토가 확정되었고 율법이 체계적으로 시행될 수 있도록 행정 구조를 정비하고 관리들을 세웠다. 무엇보다도 하나님의 현존을 상징하는 성막의 제사 의식과 그 의식을 담당하는 제사장과 레위인들이 자신들의 직무를 잘해 나갈 수 있도록, 그 역할을 담당하게 하고 지원을 아끼지 않았다. 물론 이러한 일들은 이미 시내 산 율법에서 하나님이 세세하게 명시해 놓은 내용이었다. 하나님이 계획한 이스라엘 나라의 기틀이 비로소 다윗 왕을 통해서 완성된 것이다. 이스라엘은 가나안 땅에서 이전에 그곳 부족들에 의해 형성된 우상의 문화를 쫓지 않고 하나님의 율법을 따르며 살아야 했다. 그들은 에덴동산의 생명나무처럼 성전을 중심에 두고 하나님에게 제사를 드리며 그곳으로부터 흘러나오는 생명의 은혜를 먼저 누리고 이방 민족에게 전하며 살아가야 했다. 그것이 그들의 존재 목적이고 소명이었다.

하지만 안타깝게도 이스라엘은 그 나라를 세우신 하나님의 목적에서 벗어나 생명보다는 죽음의 길로 들어서게 된다. 다윗의 통치 이후 왕권을 이어받은 솔로몬은 초기에는 겸손과 지혜로 하나님의 뜻에 따라 백성을 잘 다스렸지만, 갈수록 하나님의 생명과는 거리가 먼 행동을 했다. 이웃 나라와의 정략결혼을 통해 아내와 첩의 수(칠백 명의 아내와 삼백 명의 첩, 왕상 11:3)만큼이나 많은 우상 문화를 들여왔고 무절제한 삶을 살았다. 솔로몬은 성전과 궁전을 포함한 많은 성읍을 짓는 건축 사업(왕상 9:10-28)을 펼쳤는데 그 과정에서 백성이 중노동에 시달리게 되었고 그 건축 자재를 두로에서 가져오면서 하나님의 법을 어기고 갈릴리 지역(가불 땅)의 여러 성읍을 두로 왕에게 제공했다. 이방 민족으로부터 조세로 받은 엄청난 재산을 백성을 위해 쓰기보다는 자신을 위해 소비했다(왕상 10장). 이에 따라 결국 솔로몬 이후 이스라엘은 두 나라로 갈라지게 되었고 두 나라의 왕과 백성은 불신앙과 악행으로 더욱 고통스럽고 절망스러운 삶을 살아가게 된다. 죽음의 세력은 이스라엘이 생명의 말씀을 외면하게 할 정도로 막강했고, 백성의 불신앙은 완고했다. 하나님은 선지자들을 통해서 끊임없이 자신의 백성에게 경고하셨고, 그들을 돌이키기 위해 애를 썼지만 소용이 없었다. 갈등과 반목 속에서 피폐한 삶을 살다가 결국 북이스라엘은 앗시리아에, 그리고 남유다는 바벨론에게 패망하고 말았다.

하나님의 계획은 또 수포로 돌아간 것인가? 물론 그렇지 않다. 사실 하나님은 선지자들을 통해 패역한 이스라엘에게 죽음의 심판을 경고하고 있었지만 동시에 새로운 생명의 길을 제시하고 있었다. 이스라엘 나라가 세워지고 패망하는 과정을 통해서 하나님은 생명에 관한 두 가지 중요한 진실을 알려 주길 원하셨다. 하나는 생명의 길을 걷고 있는 여정에서도 항상 죽음은 동행하고 있으며, 피조물인 인간으로서 죽음의 문제를 해결할 수 없다는 것이다. 인간은 죄 아래 고통받는 존재다. 하나님 앞에 인간은 모두 죄인이며, 스스로 생명의 길을 열 수 없는 한계를 지녔다. 우리는 그 한계를 인정하고 하나님에게 우리의 삶을 의탁해야 한다.

여호와께서 하늘에서 인생을 굽어살피사 지각이 있어 하나님을 찾는 자가 있는가 보려 하신즉 다 치우쳐 함께 더러운 자가 되고 선을 행하는 자가 없으니 하나도 없도다.
시편 14:2-3

다른 하나는 하나님이 이스라엘을 통해 하나님 나라의 원대한 비전을 보여 주셨다는 사실이다. 이스라엘 나라와 그 백성은 새롭게 세워질 하나님 나라와 그 백성의 모델이라고 할 수 있다. 하나님의 은혜로 택한 아브라함과 그의 자손이 민족을 이루고 하나님이 약속한 땅에서 나라를 세우는 과정은 미래에 하나님 나라가 무엇이고 누구에 의해서 어떻게 세워질 것인지를 잘 보여 주었다. 가시적으로 완성된 이스라엘 나라는 다윗 왕에 이르러 성취되었고 애초에 하나님이 의도했던 목적을 달성했다. 그 이후에 드러나게 될 하나님 나라는 예수님에 의해 세워지고 그분이 왕으로서 통치하게 될 것이다. 이러한 전망은 이미 하나님이 아브라함과 언약을 세울 때부터 언급되었고 조금 더 세밀하게 살펴보면 인간이 타락한 직후 아담과 하와와 맺은 언약 속에서도 잘 드러나 있었다.

> 내가 너로 여자와 원수가 되게 하고, 너의 자손을 여자의 자손과 원수가 되게 하겠다. 여자의 자손은 너의 머리를 상하게 하고, 너는 여자의 자손의 발꿈치를 상하게 할 것이다.
> 창세기 3:15, 새번역

결국 하나님은 자신의 아들 예수님의 죽음을 통해서 생명의 문을 열겠다고 하신 것이다. 그런 의미에서 죽음은 생명에 대한 약속을 상기시키며 이러한 약속의 성취 후에 펼쳐질 새로운 세상에 대한 전망을 보여 준다.

죽음을 이긴 생명

예수님의 죽음

인간과 피조 세계에 하나님의 생명을 다시 흐르게 하는 방식은 우리의 이성과 사고를 뛰어넘는 매우 놀라운 일이었다. 인간 스스로는 생명을 창조할 수 없으므로 전적으로 하나님 자신이 이 문제를 해결해야 했다. 인간과의 소통을 방해하고 단절했던 죄와 죽음의 세력을 제거해야 했다. 하나님은 죄의 형벌로 죽음을 선고하셨고 인간은 그 형벌을 겪어야만 했다. 죄인으로서 인간은 거룩한 하나님과 대면할 수 없으므로 영원히 단절된 상태로 죽음의 지배를 받으며 살아가야 할 운명이었다. 여기서 죄인이라는 의미는 앞서 언급했듯이 하나님의 생명이 단절된 상태에서 자기 중심적 삶을 살아가는 사람을 의미한다. 죄인인 상태에서 아무리 발버둥을 쳐도 온전한 생명의 기쁨을 누릴 수 없다. 또한 인간의 이성, 지혜, 능력을 사용하여 윤리적 완벽을 추구할지라도 신이 되지 않는 한 인간은 온전한 생명에 도달할 수 없다. 영구적인 신체의 장기를 만들거나 유전자를 조작할지라도 인간은 언젠가 반드시 죽는 존재다. 그러므로 영원한 생명은 우리 내부에서 창조될 수 있는 것이 아니라 밖에서 오는 것이다.

하나님은 죄의 대가를 완벽하게 그리고 온전하게 치를 수 있는 유일한 방법으로 하나님 자신이 죽임을 당하는 길을 택하셨다. 죄가 없는 온전한 인간의 죽음만이 모든 죄인을 대신해서 그 형벌의 대가를 지불할 수 있었다. 그래서 하나님은 예수님을 인간으로 태어나게 하시고 인간과 동일한 성정을 가지고 삶을 살다가 때가 되었을 때 십자가의 제물로 죽임을 당하게 하신 것이다. 죄와 죽음의 세력의 입장에서 보면 예수님을 죽인 것처럼 보일지 모르지만, 예수님은 하나님의 뜻에 온전하게 순종하신 것이다. 마치 죽음이 왕 노릇하며 로마 제국의 총독인 빌라도를 통해서 예수님을 재판하고 사형에 처한 것처럼 보이지만, 오히려 예수님은 재판 과정에서 죽음의 실체를 고발했다. 예수님은 왕으로 인정을 받았고 결국 십자가 위에서 아버지 하나님과 단절을 겪으면서까지 죽음의 고통을 이겨 내며 끝내 승리하셨다.

예수님에게 죽음이란 곧 승리를 의미했다. 죽음으로 죽음의 세력을 꺾으신 것이다. 십자가 죽음은 마치 한 나라의 왕이 대관식을 치르듯이 장엄했고, 그 머리 위 가시 면류관은 왕관과 같았다. 죄목을 보여 주는 푯말에는 '나사렛 예수 유대인의 왕'이라고 적혀 있었지만, 이는 그분이 온 세상의 왕이라는 사실을 드러냈다. 또한 한 방울도 남김 없이 쏟아진 그분의 피는 온 땅을 적시며 흘러내렸다. 이는 마치 하나님이 에스겔 선지자에게 환상을 통해 보여 주신 성전에서 흘러나온 물을 연상케 한다. 그 물은 온 땅을 적시고 강과 바다로 흘러가 죽어 있던 물을 되살릴 것이라고 예언한다.

> …이 물이 바다로 흘러 들어가면, 죽은 물이 살아날 것이다. 이 강물이 흘러가는 모든 곳에서는, 온갖 생물이 번성하며 살게 될 것이다. 이 물이 사해로 흘러 들어가면, 그 물도 깨끗하게 고쳐질 것이므로, 그곳에도 아주 많은 물고기가 살게 될 것이다. 강물이 흘러가는 곳이면 어디에서나, 모든 것이 살 것이다.
> 에스겔 47:8-9, 새번역

이와 관련해서 성경은 예수님의 죽음과 함께 벌어진 아주 놀랍고 신비로운 현상을 전해 준다. 예수님이 십자가에서 숨이 멎는 그 순간 성전에서 이상한 일이 벌어진다.

> 예수께서 다시 큰 소리로 외치시고, 숨을 거두셨다. 그런데 보아라, 성전 휘장이 위에서 아래까지 두 폭으로 찢어졌다. 그리고 땅이 흔들리고, 바위가 갈라지고, 무덤이 열리고, 잠자던 많은 성도의 몸이 살아났다.
> 마태복음 27:50-52, 새번역

성전에는 성소와 지성소를 구분하는 높이 약 15m, 두께 약 10cm 정도의 휘장이 있었다. 예수님이 죽는 순간 그 휘장이 위에서 아래로 찢어졌다. 일 년에 한 번 대제사장만이 들어갈 수 있는 거룩한 하나님의 성소가 완전히 개방된 것이다. 누구나 하나님이 계신 거룩한 곳으로 들어갈 수 있게 되었다는 것을 의미한다. 그러니까 하나님과 인간의 소통을 가로막는 장애물이 사라진 것이다. 생명의 흐름을 방해하는 죽음의 세력이 결정적인 힘을 잃게 되었다. 바울은 이렇게 선언한다. "사망아 너의 승리가 어디 있느냐 사망아 네가 쏘는 것이 어디 있느냐 사망이 쏘는 것은 죄요 죄의 권능은 율법이라. 우리 주 예수 그리스도로 말미암아 우리에게 승리를 주시는 하나님께 감사하노니"(고전 15:55-57). 십자가 사건은 죽음에 대한 승리였고 더 이상 죽음이 하나님과 인간 사이의 관계를 단절하지 못하게 만든 인류 역사의 가장 위대한 일이었다. 다시 하나님과 인간 사이에 생명의 강이 흐르기 시작한 것이다.

죽음을 포용한 생명

사랑과 용서로 이루는 평화

이제 다시 흐르기 시작한 생명의 강은 요한계시록의 예언대로 온 세상을 치유하고 회복하기 시작했다. 예수님의 죽음으로부터 새롭게 열리기 시작한 하나님 나라는 온 세상이 하나님의 생명을 풍성하게 누릴 수 있도록 했다. 죽을 수밖에 없는 유한한 존재로서 한계를 인정하고 자기중심적 삶에서 돌이켜 하나님에게 자신을 의탁한 이들에게 하나님은 무한한 사랑과 자비로 안전과 평안을 제공하실 것이다. 그들을 사랑과 공평으로 다스리시고, 그들이 풍성한 생명을 누리게 하실 것이다. 이는 당시 팍스 로마나Pax Romana의 거짓된 평화와 비교할 수 없는 삶이었다. 예수님이 인간으로 살던 당시 로마 제국은 옥타비아누스 황제의 통치 이후 시작된 안정된 로마의 평화 시대였다. 하지만 그 평화는 식민 지배를 받은 사람들의 강압적인 희생과 복종으로부터 얻은 대가였고 지배자들만이 누릴 수 있었다. 반면에 하나님 나라의 통치는 그의 은혜를 입은 모든 사람, 특히 로마 제국에서 인간 이하로 취급받았던 여성, 노인, 어린아이, 노예, 빈자, 장애인, 세리까지 생명과 평화를 누리는 놀라운 결과를 가져왔다.

생명 안에는 더 이상 배제와 소외, 차별과 분열이 설 자리가 없다. 생명이 충만한 곳에는 죽음이 소멸된다. 오히려 생명이 죽음을 품기 때문이다. 폭력, 차별, 소외가 있는 곳에 생명은 똑같은 행동으로 맞대응하기보다는 사랑과 용서로 죽음을 끌어안으며 평화를 만들어 낸다. 우리가 하나님과 단절되었던 생명의 흐름을 회복하게 된 것도 그분의 사랑과 용서 때문이었다. 그 관계 회복의 출발은 사랑이었고 그 과정은 용서였다. 하나님의 사랑으로부터 관계 회복이 시작되었다. 무조건적이고 무한한 긍휼과 자비가 그 출발점이다. 그것은 하나님의 속성에서 비롯한 성품이라고 할 수 있다. 성부, 성자, 성령 하나님의 인격이 하나가 되는 신비, 공동체이면서 다양성이 확보되는 존재 방식이 사랑이다. 그 사랑으로 타락한 인간을 용서할 수 있었고 회복의 길을 열 수 있었던 것이다.

그러므로 죽음까지 포용하는 생명의 삶을 산다는 것은 하나님의 은혜와 사랑을 받아들이는 데서 시작된다. 어머니의 품속에 안겨 젖을 먹고 있는 아이의 마음처럼 우리는 하나님의 사랑을 받아들이고 신뢰하며 살아가야 한다. 하나님의 사랑이 우리에게는 생명의 젖이다. 부모의 사랑을 알고 누리는 만큼 아이가 온전하게 자라듯 우리는 하나님의 사랑을 충분히 누려야 한다. 그럴 때 죽음의 영향력으로 인해 상한 영혼이 온전하게 회복되며 우리의 믿음이 견고해질 것이다. 또한 죽음의 문화에 길들여져 있는 사회에서 생명을 전하는 자로 살아갈 힘이 생길 것이다.

생명의 삶은 사랑의 힘으로 용서와 화해를 이루며 살아가는 삶이다. 갈등과 미움으로 막혀 있던 관계의 벽을 허물고 평화를 일구는 일은 생명을 누리는 사람들의 복이다(마 5:9). 먼저 나 자신의 벽부터 허물어야 한다. 자기중심적이고 이기적인 욕망으로 타인을 배제하며 살아온 나를 성찰하고 얽혀 있던 관계를 풀어야 한다. 사실 누군가를 용서하는 일은 죽음을 받아들이는 일과 같다. 죽음으로 인해 우리는 갈등을 일으키고 미워하며 관계를 단절했다. 죽음을 받아들인다는 것은 이웃이 아니라 나 자신을 재판정에 세우는 일이다. 물론 그 재판정의 판사는 하나님이며 그분 앞에서 나 자신을 피고인이자 고소인으로 여기고 죽음의 문제를 다루어야 한다. 자신을 성찰하며 나의 실수와 잘못을 받아들이는 과정을 거쳐야 한다. 이 과정에서 중요한 것은 나에게 피해와 상처를 주었던 이웃과 당시 상황에 대한 나의 감정을 이해하고 용납하는 것이다. 그래야 온전히 용서할 수 있고 나를 분노하게 만드는 죽음의 고통으로부터 해방될 수 있다. 재판장이신 하나님은 우리의 고통스러운 경험과 사건에 관한 이야기를 친히 들어 주시고 우리에게 용서할 수 있는 힘을 주실 것이다.

예수님은 공의회와 빌라도 앞에서 재판을 받으셨다. 예수님을 능멸하고 그분에게 치욕을 안겨 주면서도 도리어 자신들의 명예가 실추되었다고 고소한 사람들을 향해 예수님은 아무런 변론을 하지 않았다. 예수님은 오히려 그들 앞에서 하늘의 재판관으로서 그들의 잘못이 스스로 드러나게 하셨다. 죽음이 자기의 영향력을 최고로 발휘하는 결정적인 순간에 예수님은 죽임 당하심으로써 자신이 누구인지를 드러내셨다.

> …아버지, 저 사람들을 용서하여 주십시오. 저 사람들은 자기네가 무슨 일을 하는지를 알지 못합니다….
> 누가복음 23:34, 새번역

예수님은 진정 그들이 용서받기를 원하셨기에 십자가에서 죽으심으로써 형벌을 대신 담당하셨다. 용서는 자신이 누구인지를 발견하고 정체성을 회복하는 것이다. 죽음은 이 부분을 공략한다. "네가 유대인의 왕이냐? 네가 감히 어떻게 우리의 왕이 될 수 있느냐!" 우리는 스스로에게 네가 하나님의 사랑을 받을 자격이 있는 사람이냐고 물으며 자신을 공격한다. 그래서 용서가 힘든 것이다. 하지만 예수님은 묵묵히 죽음을 받아들였고, 죽음은 더 이상 제 역할을 할 수 없었다. 오히려 죽음이 예수님의 존재를 그대로 드러나게 할 뿐이었다. 예수님처럼 우리는 죽음의 방식으로 타인의 행동을 인내하고 자신을 인정할 수 있어야 한다. 그래야 나 자신뿐만 아니라 이웃과도 용서하고 화해할 수 있다.

우리 스스로는 불가능했지만 이제 예수님과 연합한 몸이기에 예수님의 죽으심에 나 자신을 의탁함으로써 용서할 수 있다. 예수님은 하나님을 배반한 우리가 용서를 받은 것처럼 서로 용서하라고 가르치신다. 나를 용서하고, 동시에 원수까지도 용서하라고 말씀하신다. 그러면서 평화의 사도로 살아갈 것을 명하신다. 용서와 화해가 중요한 이유는 예수께서 이 땅에 오신 근거이자 실제로 행하셨던 일이 용서와 화해이기 때문이다. 용서와 화해는 하나님 나라의 열매다. 구원을 받아 거듭났다고 하는 이들이 용서와 화해를 이루지 못한다면, 구원의 증거가 없는 것이나 다름없다. 우리는 죽음까지도 포용할 수 있는 생명을 전해 받은 자들이다. 예수님이 주신 생명과 평화는 물건처럼 한 번 건네주고 끝나 버리는 일시적인 것이 아니다. 관계의 흐름이다. 하나님과 인간이 친밀한 관계를 누리면서 생명이 흐른다. 메마른 땅에 물이 흘러 나무들이 그 뿌리에 생기가 돌아 생명의 숲을 만들어 짐승들의 안식처가 되듯이, 우리는 생명과 평화를 만들어 가는 새로운 존재가 된다. 우리가 일상에서 사랑과 용서를 실천하며 막힌 담을 헐고 평화의 일꾼으로 살아가게 된다면 생명은 더욱 풍성하게 흐를 것이다.

4장

충만한 삶 살아가기

나의 삶이 나의 메시지다.

마하트마 간디Mahatma Gandhi

하나님과 사귐이 있는 인생 여정과 서사

충만한 삶을 위한 인생 서사

지금까지 생명과 죽음에 관해 살펴보았다. 우리가 죽는다는 것은 자명한 사실이며 우리가 맞닥뜨리는 삶의 현실에도 죽음의 영향력이 짙게 스며들어 있다는 것을 부정할 수 없음을 알게 되었다. 이런 진실을 인정하고 받아들이기는 쉽지 않다. 아직 살아 있는 나에게 죽음이란 타인에 관한 일이며 나의 삶은 죽음과 상관없다고 믿고 있기 때문이다. 하지만 앞서 살펴본 것처럼 죽음 이전에 생명이 있었고 생명이 온전하게 회복되면 죽음은 더 이상 그힘을 발휘하지 못할 것이라는 진실을 받아들이는 것이 중요하다. 진정한 생명은 하나님에게 있으며 예수님을 통해서 우리에게 주어진다. 그 생명을 누리는 것이 충만한 삶을 살아가는 인생의 문을 여는 열쇠다.

우리는 이제 예수님의 죽음과 부활로 인해 하나님 나라에서 새로운 삶을 살게 되었다. 그 무엇보다 죽음으로 인해 단절되었던 생명을 누리게 된 것이 가장 큰 변화다. 그렇다고 죽음이 완전히 사라진 것은 아니다. 죽음은 여전히 우리의 삶과 공존하며 고통을 준다. 하지만 우리는 더 이상 죽음을 우리의 실존을 파괴하고 하나님과 관계를 깨뜨리는 부정적인 것으로만 생각지 않게 되었다. 그리스도 안에 있는 우리의 인생은 죽음과 같은 현실을 겪으면서도 생명을 풍성하게 누리고 넉넉히 나누면서 살아가는 여정으로 변화되었다. 사막에서 오아시스를 발견하고 그곳이 주는 풍성한 생명을 누리며 살아가듯이 죽음의 그림자가 드리워진 세상 속에서도 예수님과 사귐의 삶이 있는 한 우리 인생의 꽃은 피어나고 그 열매를 맛보게 될 것이다. 이것이 우리가 살아가야 할 충만한 삶의 비결이며 성령님은 그 비결대로 살아가려고 애쓰는 우리에게 넉넉한 힘과 지혜를 주실 것이다. 관건은 죽음이 공존하는 이 세상에서 우리가 어떻게 예수님과 깊은 사귐을 누리며 살아갈 것인가, 하는 문제에 달려 있다.

하나님이 우리에게 주신 새로운 생명은 단순히 생물학적 존재로서 신체 기능의 작용과 활동에만 관련하지 않는다. 보통 우리는 영원한 생명을 얻었다고 할 때 생물학적 의미만을 염두에 두고 신체가 죽지 않고 영원히 사는 것을 상상한다. 하지만 생명에 관한 영원성이란 시간과 공간에서 우리 몸의 존재가 살아가는 연속적 삶의 여정을 뜻한다. 몸soma은 성경에서 육체와 영혼 모두를 포함하는 개념이다. 육체와 영혼은 분리되지 않는다.[37] 육체는 영혼이 가시적으로 보이는 표상이며 영혼은 육체를 통해서 한 몸 또는 총체적 인격을 나타낸다. 소크라테스Socrates와 그의 제자인 플라톤은 사람이 태어나기 전부터 영혼은 존재했으며, 어느 순간 육체를 입고서 인간이 되었다고 주장한다. 그들에 따르면 육체는 영혼을 가두는 감옥이며 악하고 부정한 것이다. 그렇기 때문에 인간의 궁극적 행복이란 영혼을 얼마나 건강하고 지혜롭고 온전하게 가꾸느냐에 달려 있다. 그들은 영혼만이 초월적 세계와 연결되는 중요한 것이기에 죽음을 영혼이 육체로부터 해방되는 사건으로 이해했다.

하지만 우리의 몸은 분리될 수 없다. 성경에서 사도 바울이 육체적인 것과 영적인 것을 비교하며 설명하고 있기에 마치 구분되는 것처럼 보이지만 그것은 삶의 방식의 차이와 변화를 가르치기 위한 수사였다. 육체적 삶은 죽음의 지배 아래서 죄와 악을 행하며 살아가는 것이지만 영적 삶은 새로운 하나님 나라의 가르침을 따르며 생명을 추구하며 살아가는 것이라고 설명한다. 정체성의 변화에 따른 새로운 방식의 삶을 제시하려는 목적에서 비교했을 뿐이다. 바울은 우리의 몸을 분리할 수 없는 전인격적 존재로 보았다. 그러므로 우리가 생명을 누리며 살아간다는 것은 전인격이 하나님 나라의 새로운 피조물로 거듭나서 하나님 나라의 시민으로 살아가는 삶의 여정을 의미한다. 우리의 지성, 감성, 영성, 이 모든 것이 생명을 누리는 통로다. 영어로도 'Life'는 생명 또는 삶이라는 두 가지 의미가 있다. 우리가 하나님을 경험하는 것은 하나님의 시선으로 세상과 이웃을 만나고 봉사하고, 말씀을 읽고 묵상하며 찬양을 부르고 기도를 하고, 시대의 불의에 통감하고 세대의 고통에 공감하며 성령이 주신 영감으로 생명문화를 창조하며 살아감을 의미한다. 우리의 총체적 인격이 하나님과의 친밀한 인격적 관계 안에서 생명의 풍성함을 누릴 때 우리의 삶은 충만해질 수 있다. 그래서 죽음이 편만한 세상에서 무엇보다도 우리는 하나님과 사귀며 살아야 한다.

하나님과 친밀한 인격적 관계가 지속되는 것을 성경에서는 하나님과의 '사귐'이라고 표현한다. 하나님과의 사귐은 그 방식이 매우 특별하다. 일차적으로는 하나님이 우리를 위해 자신의 생명까지도 아끼지 않는 사랑을 보여 주셨고, 그 사랑으로 우리에게 먼저 손을 내미셨다. 또한 하나님은 세 분의 신적 인격(성부, 성자, 성령)이 공동체(한 몸)를 형성하는 사랑으로 사귐의 원형을 보여 주셨다. 또한 그 사랑을 주고받는 하나님의 공동체 안으로 우리를 초청하여 생명을 누리도록 하셨다. 생명의 풍성함을 누리며 살아가기 위한 다양한 신앙의 지침과 안내서들이 있다. 삶과 죽음의 문제를 다루는 생사학 관점에서 제시하자면 그 무엇보다도 인생 여정을 담은 이야기를 쓰는 것이 가장 좋은 방법이다. 우리의 인생 이야기는 결국 죽음이 공존하는 상황 속에서 겪는 생생한 삶의 현실을 담고 있으며, 그곳에서 나의 실존을 드러내기 때문이다. 그 이야기는 단순한 사건의 기록이 아니라 하나님과의 사귐을 통해 해석되고 의미가 부여됨으로써 하나의 서사敍事,

narrative가 된다. 나의 서사를 만들고 각 개인의 서사가 우리의 서사가 되어 서로 퍼즐처럼 엮여서 하나님의 큰 서사를 완성하며 살아가는 것이 중요하다. 그것이야말로 가장 실제적으로 충만한 삶을 살아가는 비결이다.

성경은 하나님의 서사다. 삼위 하나님이 누리고 엮어 가는 신적 사귐은 큰 서사를 만들었다. 그 서사 안에는 하나님이 세상과 인간을 창조하신 이야기가 담겨 있고, 불순종하고 배반한 인간과 관계를 단절해야만 했던 고통스러운 이야기도 담겨 있다. 인간에 대한 사랑에 못 이겨 다시 회복할 계획을 세우고 자신이 직접 사람으로 태어나 인간을 구원한 하나님의 역사가 고스란히 담겨 있다. 또한 성경에는 인간의 이야기도 있다. 하나님의 선택을 받은 사람들이 하나님과의 언약을 이루기 위해 애쓰고 실패하기도 하며 고난과 역경을 경험한 사건과 감정을 담아 낸 이야기들도 있다. 하나님의 서사를 마치 자신의 삶의 이야기로 써 내려가기도 한다. 이러한 모든 이야기가 각각의 퍼즐 조각들이 전체 그림을 완성하듯이 하나님의 대서사를 형성한다.

서사 작업은 가장 기본적으로 세 가지 유익을 준다. 하나님과 사귐의 여정을 이야기로 만들어 가는 과정을 통해서 첫째, 신비로운 하나님의 은혜와 섭리를 깨닫게 된다. 둘째, 자신의 실존이 하나님의 형상을 닮은 존재로 완성해 가는 과정 중에 있음을 깨닫는 지혜를 얻게 된다. 셋째, 그리스도인으로서의 정체성을 견고하게 하여 인내를 가지고 부활의 소망으로 마지막 순간까지 충만한 삶을 살 수 있도록 도움을 준다. 더 이상 죽음이 폭력과 분열, 단절과 배제와 같은 두려움과 고통을 유발하는 역기능으로서만 행사하는 것이 아니라, 피조물로서의 한계 상황을 받아들임으로써 진정으로 나다움을 찾고 이웃과 더불어 생명의 연대를 실천하며 살아가도록 추동하는 역할을 하는 것을 경험하게 될 것이다.

우리의 서가가 의미 있고 아름다운 결말로 이어지기 위해서는 하나님과 인격적 관계가 더욱 깊어져야 한다. 친밀함은 교회보다는 주로 우리 현실의 삶 속에서 이루어지는 경우가 많다. 교회에서 예배를 드리고 성경을 배우고 제자 훈련을 받는 것은 일상에서 하나님과 사귐을 위한 준비와 보강이라고 할 수 있다. 우리가 어떤 마음으로 하나님을 의지하고 순종했느냐, 그러니까 그분을 사랑하고 그분의 말씀을 지키고 이웃을 사랑했느냐에 따라 사귐의 깊이가 달라진다. 이러한 행동과 실천이 겉으로 보이는 것만으로 끝나지 않고 나 자신의 존재를 형성하고 성숙한 인격으로 성장해 가기 위해서 자신의 삶을 성찰하는 것이 중요하다. 하나님과의 관계 속에서 그동안 살아왔던 우리의 삶을 되돌아보고 해석하고 의미를 부여하는 일이 서사 작업이다. 이러한 서사 작업은 자기 존재의 의미와 정체성을 인식한 채 견고하게 살아갈 수 있도록 돕는다. 서사는 한 존재의 기억을 담는다.

우리가 어떻게 살아왔는지를 떠올리며 우리의 인생 이야기를 만들고 생명의 근원이신 예수 그리스도 안에서 우리의 삶을 재

발견해야 한다. 그런 과정을 통해 우리가 그리스도인으로서의 정체성을 지닌 존재로 견고해지고 어떻게 살아갈 것인가에 대한 인생의 지혜를 얻을 수 있다. 철학자들은 이를 실존이라고 여긴다. 인간은 누구나 현실의 고통과 고난, 죽음 앞에서 부딪히는 근본 상황에 놓여 있다. 이러한 근본 상황을 자신의 문제로 받아들이고 이를 극복하려고 노력하는 사람들에게는 한계 상황이 찾아온다. 이러한 한계 상황을 성숙하게 대면하는 사람은 많지 않다. 세상은 근본적 답을 모르기 때문에 한두 사람의 예외적 영웅담을 내놓을 뿐이다. 하지만 우리 그리스도인들에게 한계 상황은 하나님을 진실로 대면할 수 있는 광야와 같은 것이며 이를 통해 우리는 약속의 땅 가나안을 향해 걸을 수 있다. 서사 작업은 이러한 신비를 깨닫게 한다. 하나님으로부터 주어지는 만나와 같은 생명을 경험함으로써 한계 상황이 은혜로 변환되는 기쁨을 누리게 된다. 이러한 경험들이 우리가 걸어가는 인생 여정의 이야기를 만들어 내고 우리 자신의 실존이 된다. 최종적으로 각 개인의 서사는 우리 인생 여정의 종착역에서, 그러니까 죽음 이후 하나님 앞에 내어놓은 결산서와 같은 역할을 한다. 이미 하나님은 우리와 사귐을 통해서 그 이야기를 잘 알고 있지만 말이다. 자기 서사가 있는 개인은 마지막 순간까지 죽음에 휘둘리지 않고 존엄하게 죽음을 맞이하며 평온하게 하나님의 품에 안길 수 있다.

생명을 창조하는 우리의 서사

생명 공동체 이야기의 시작

한 개인의 서사는 공동체와 연결될 때 의미가 더욱 깊어진다. 하나님의 형상으로 지어진 인간은 하나님의 사회적 속성을 닮은 존재이기에 공동체를 벗어날 수 없고 모든 이야기가 공동체와 연결된다.[38] 그러므로 나의 이야기는 공동체와의 경험들이 주를 이루게 된다. 앞 장에서 살펴본 것처럼 자기 서사의 거의 대부분이 공동체와 관련해 있고 가장 가깝게는 가족으로부터 교회, 학교 친구와 직장 동료, 사회와 국가까지 이어진다. 그러므로 충만한 삶을 위해서는 개인의 서사가 공동체의 서사로 확대되어야한다. 다시 말하면, 공동체의 이야기에 참여해야 하고 생명이 풍성한 환경과 문화를 만들기 위해 노력해야 한다. 결국에는 개인의 충만한 삶의 이야기들이 모여 건강한 공동체의 서사를 이루게 될 때 그 공동체는 구성원 개인이 자유롭고 창의적으로 자신의 존재를 찾아갈 수 있는 안전한 울타리가 되어 줄 것이다.

우리의 이야기가 죽음을 지혜롭게 대처하여 생명의 풍성함으로 빚어지지 위해서는 삼위 하나님의 존재의 성향과 목적에 뿌리내려야 한다. 앞서 설명한 것처럼 하나님의 존재 방식은 공동체적이며 사회적이다. 그 존재 자체가 세상을 향한 사랑의 출발점이라고 할 수 있다. 그렇기에 하나님은 우리의 현실이 죽음의 영향 아래 광야를 지나는 것처럼 고통스럽더라도 생명의 바다를 꿈꾸기를 원하셨다. 개별의 삶들이 공동체의 울타리 안에서 서로 사랑하며 살아갈 때 죽음의 세력이 점점 그 힘을 잃고 세상은 생명으로 물결칠 것이다. 생명은 하나님을 아는 지식에서 온다. 생명의 근원이 하나님이기 때문에 하나님을 깊고 넓게 알수록 우리는 더욱더 생명으로 채워질 수 있다.

> 나의 거룩한 산 모든 곳에서, 서로 해치거나 파괴하는 일이 없다. 물이 바다를 채우듯, 주님을 아는 지식이 땅에 가득하기 때문이다.
>
> 이사야 11:9, 새번역

우리가 죽음의 그늘을 벗어나지 못하는 가장 큰 이유는 하나님과 인격적 사귐을 통해 얻어지는 하나님에 대한 '앎'이 부족하기 때문이다. 하나님은 이스라엘이 패망한 원인을 하나님에 대한 지식이 없었기 때문이라고 꾸짖으셨다(호 4:6). 정치, 종교 지도자들은 부패하고 불의했으며, 백성마저도 자신들의 세속적 욕망을 우상처럼 숭배했다. 그들은 하나님의 의도와 다르게 서로를 배제하고 소외시키면서 하나님이 주셨던 생명의 땅을 더럽혔다. 더 이상 생명을 잉태하지 못하는 광야처럼 죽음의 그림자가 드리워지게 했다. 이러한 사회적 환경과 문화는 하나님을 그들의 삶의 중심에서 밀어내고 피상적인 종교 행위로 하나님을 만족시킬 수 있다는 무지와 오만을 야기했다. 하나님은 마침내 앗시리아와 바벨론 제국을 끌어들여 이스라엘 백성을 멸망시키고 한때 약속의 땅이었으나 이제는 부패한 땅에서 그들을 쫓아내시고 다른 곳으로 옮기셨다. 그렇다고 하나님이 생명이 충만한 세상에 대한 꿈을 포기하신 것은 아니다. 이스라엘을 일깨워서 하나님의 백성으로서의 정체성을 잊지 않고 살아가도록 하는 것이 우선 과제였다.

하나님이 이스라엘을 멸망시키면서도 희망의 메시지를 계속 전했던 것은 당신의 사랑과 그들의 조상과 맺었던 언약 때문이었다. 하나님은 이사야와 하박국 등 선지자들을 통해서 곧 하나님을 아는 지식이 온 세상에 가득하게 될 것이라 말씀하시며 그 언약을 상기시키셨다. 하나님에 대한 지식은 하나님과 긴밀한 인격적 관계 속에서 경험되는 생명과 관련한다. 관계가 회복되면 하나님의 생명이 우리 안에 다시 흐르게 될 것이다. 하나님의 생명 활동과 그 생명이 어떻게 회복될 것인가에 대해서 성경은 다양한 방식으로 설명한다. 하나는 하나님이 말씀으로 온 세상의 존재를 드러내시고 그의 숨결을 깃들게 하셨던 창조 활동을 완성할 새 창조의 사역이다. 다른 하나는 창조 세계가 그 존재의 풍성함을 드러내도록 사랑으로 돌보고 가꾸는 노동 활동이다. 또 다른 하나는 생명 공동체 안의 부정과 부패를 정화하고 공의와 평화를 실천하는 정치 활동이다. 이는 이스라엘 백성이 추구해야 할 생명 활동이었다. 하지만 그들은 바벨론이나 로마와 같은 거대한 제국의 권세 아래 무기력하게 굴종함으로써 생명 활동을 애써 무시하며 살았다. 마치 하나님이 무력해서 생명 활동이 인간들의 삶에 그다지 도움이 되지 않는 것처럼 여기며 살았던 것이다.

지금 우리의 삶도 마찬가지다. 우리는 나의 능력과 지혜로 잘 살아갈 수 있다고 생각한다. 모든 것으로부터 해방되어 자유롭게 욕망을 즐기며 살고자 한다. 하지만 현실은 자유로운 삶을 갈망할수록, 거추장스러운 권위에서 벗어날수록 거부할 수 없는 거대한 세력이 나의 속을 비집고 들어온다. 그 세력은 보이지 않지만 절대적 권세를 행세하는 맘몬이다. 자본주의 사회에서 살아가는 우리가 돈의 힘을 의지하는 것은 아주 자연스럽기까지 하다. 더욱이 지금은 금융자본주의라는 한 차원 복잡해지고 노골적인 자본의 힘이 작동하고 있다. 그 결과 우리 사회에 부동산, 주식, 코인 열풍이 몰아닥쳤다. 많은 젊은이가 영끌(영혼까지 끌어서)해서 돈을 모아 집과 주식과 코인을 샀다. 이러한 거래는 금융 시스템이 잘 발달했기 때문에 가능한 일이다. 가격이 폭락한다면 걷

잡을 수 없는 혼란한 상황이 벌어질 수 있겠지만 이런 상황을 예측하고 돈을 버는 금융 지배 그룹도 존재한다. 이럴 때마다 생명은 어둠 속에 가려지고 생명 활동을 했던 인격적이고 친밀한 관계는 깨어지고 그로 인해 상처 입은 많은 이가 생명을 포기하는 고통스러운 일이 벌어지곤 한다. 1997년도의 외환위기, 2003년도의 카드대란, 2007-8년도의 세계금융위기의 여파로 인해서 우리 사회의 서민들은 엄청난 고통을 겪어야만 했고 많은 이가 스스로 목숨을 끊었다. 하지만 이런 죽음의 그림자가 드리워진 사회 속에서도 하나님은 우리에게 소망을 주시길 원하신다. 하나님을 아는 이들, 하나님과 인격적 관계를 회복한 이들을 통해 생명의 강물이 세상을 적실 것이다. 하나님은 우리가 스스로 노력해서는 하나님을 아는 지식을 얻을 수 없다는 사실을 아셨다. 그래서 놀라운 약속을 하셨는데, 그것이 바로 새 언약이다.

그때가 오면, 내가 이스라엘 가문과 유다 가문에 새 언약을 세우겠다….
예레미야 31:31, 새번역

그러나 그 시절이 지난 뒤에, 내가 이스라엘 가문과 언약을 세울 것이니, 나는 나의 율법을 그들의 가슴 속에 넣어 주며, 그들의 마음 판에 새겨 기록하여, 나는 그들의 하나님이 되고, 그들은 나의 백성이 될 것이다. 나 주의 말이다.

예레미야 31:33, 새번역

그때에는 내가 그들과 영원한 언약을 맺고, 내가 그들에게서 영영 떠나지 않고, 그들을 잘되게 할 것이며, 그들의 마음 속에 나를 경외하는 마음을 넣어 주어서, 그들이 나에게서 떠나가지 않게 하겠다.

예레미야 32:40, 새번역

새 언약은 시내 산에서 돌판에 새겼던 언약과 다르다. 이스라엘 백성이 외부에 기록된 율법을 배우고 실천해야 했다면 새 언약을 받은 우리는 그럴 필요가 없다. 하나님이 직접 우리 가슴속에 생명의 법을 넣어 주셔서 경외하는 마음을 갖게 해 주시겠다고 약속하셨기 때문이다. 하지만 이 약속의 내용은 옛 언약과 완전히 다른 종류의 새로운 것은 아니다. 약속을 성취하는 방법이 신비로운 차원으로 갱신되었다는 측면에서 새로운 것이다. 이미 타락한 최초의 인간에게 하신 약속이며 이스라엘의 조상인 아브라함과 하셨던 언약을 갱신하신 것이다. 마침내 하나님은 그의 아들 예수님을 보내시면서 새 언약을 성취하셨다. 예수님은 자기 몸을 십자가에서 쪼개시고[39] 우리를 위해 죄의 대가를 더 이상 요구할 수 없도록 완전하게 값을 치르셨다. 그것을 통해 하나님과 우리의 관계를 회복시키셨다. 예수님은 십자가 위에서 죽으신 후 삼 일 만에 부활하시고 하늘로 올라가셔서 자신의 원래 자리인 하나님 나라의 왕으로 복귀하셨다. 그리고 선지자들을 통해서 예언하셨고 제자들에게도 약속하셨던 성령님을 우리에게 보내 주셨다. 이제 성령님은 예수 그리스도와 연합된 사람들의 인격 한가운데 거주하시며 그들의 생각과 삶을 다스리고 계신다.

성령님은 우리를 통해 죽음의 세력이 지배하는 이 세상을 생명이 가득한 세상으로 새롭게 창조하실 것이다. 성령님은 그 창조 사역에 참여하도록 우리를 부르셨다. 더 이상 죽음은 예전처럼 힘을 발휘하지 못할 것이다. 예수님이 온 세상의 왕으로 다스리시고 그분의 영인 성령님이 우리와 함께하시기 때문이다. 성령님은 우리로 하여금 이 땅에서 누릴 풍성한 삶을 알게 하시고 그 삶을 살도록 힘을 주실 것이다. 그리고 더불어 우리가 누리는 생명으로 또 다른 새로운 생명을 창조할 수 있도록 도우실 것이다.

성령님의 강림은 현장에 있는 사람들에게 새로운 세상이 열린 듯한 신비와 충격을 경험하게 했다. 마치 태초에 하나님이 인간을 흙으로 빚으시고 그 코에 생기를 불어넣은 장면을 떠올리게 만들었다. 또한 모세가 시내 산에서 십계명을 받을 때 경험했던 하나님의 현현을 연상케 했다. 에덴동산에서 하나님이 인간을 만드실 때 형체만 지녔던 모습이 하나님의 영이 들어가자 하나님의 형상을 닮은 '생령'이 된 것처럼, 성령님을 받아들인 이들은 전혀 새로운 사람들처럼 행동했다.

이들은 먼저 언어의 장벽이 허물어지는 경험을 했다. 제자들이 다양한 언어로 하나님의 큰일을 말하자 여러 지역에서 온 이들 모두가 그 말을 알아들을 수 있었다. 성령께서 인간 사이의 얽히고설켜 있는 문화의 장벽을 허물고 생명이 소통할 수 있는 길을 여신 것이다. 그리고 모두가 하나님의 큰일을 동일하게 알아듣고 서로 하나가 되는 놀라운 신비를 경험했다. 하나님의 큰일은 하나님 나라의 대서사다. 그 서사를 통해서 사람들은 하나님과 그의 아들 예수님이 진정 누구이며 어떤 분인지를 알게 되었다. 귀로만 듣던 성부, 성자, 성령 하나님의 존재를 직접 보게 되었고 이 세상을 회복하시고 새로이 창조하시는 현장을 목격하게 된 것이다. 마치 욥이 엄청난 고난을 겪은 뒤, 하나님과 대면했을 때의 놀라움이 아니었을까?

주님이 어떤 분이시라는 것을, 지금까지는 제가 귀로만 들었습니다. 그러나 이제는 제가 제 눈으로 주님을 뵙습니다.
욥기 42:5, 새번역

성령의 강림을 본 이들의 경험은 그 이상의 것이었다. 그들은 자신들이 하나님 나라의 새로운 백성으로서 거듭난 감격을 가지고 자신들이 살고 있는 각 나라로 흩어져 그 놀랍고 신비로운 소식, 곧 하나님이 하신 큰일에 대한 증인으로 살게 되었다. 그래서 바울이 전도한 곳마다 하나님을 경외하는 사람들이 있어서 그들을 통해 선교의 거점을 마련할 수 있었다.

성령님의 임재와 동행은 우리에게 새로운 소명이 주어졌다는 것을 상기시켰다. 에덴동산에서 태초의 인간이 해야 했던 일, 하나님을 대리하여 세상을 가꾸고 생명을 풍성하게 하는 일을 다시 시작하게 하셨다. 가뭄이 오래 지속되어 더 이상 식물이 자랄 수 없고 심지어 종자마저 먹어 버려 더 이상 농사를 지을 수 없는 상황 가운데 희망이 비친 것이다. 메마른 땅에 마침내 비가 내리고 누군가 자신의 생명줄과 같은 씨앗을 내놓아 마을 사람들이 땅을 갈고 씨앗을 심는 일이 시작되었다고 생각해 보자.

내가 아주 어렸을 때 우리 마을에 종종 가뭄이 찾아왔다. 수년간 비가 오지 않아 농사를 망친 일이 여러 번 있었다. 심지어는 우물물까지 퍼서 논에 부었지만 역부족이었다. 이듬해에는 모내기를 하기 위해 모아 둔 종자까지 꺼내 먹을 수밖에 없었다. 이런 상황에서 마침내 비가 내린다고 생각해 보라. 잠시 지나가는 소나기가 아니라 지속해서 적절한 비가 내린다면 농부들은 자연스럽게 땅을 갈고 씨앗을 심을 생각으로 들떠 있을 것이다. 성령의 오심은 가물어 가는 우리의 심령에 생명의 단비를 내리는 것과 같다. 간헐적이고 국지적으로 내렸던 비는 이제 온 세상에 내리기 시작했다. 이제 그리스도인들은 각자의 마음을 흙갈이하여 복음의 씨앗을 심고 가꿀 수 있게 된 것이다.

이 일은 혼자만의 일이 아니다. 하나님이 에덴동산에서 아담에게 배필을 주셔서 협력하게 하셨듯이 여럿이 함께해야 할 우리의 일이다. 여기서 우리의 서사가 시작된다. 예수께서 십자가의 죽음과 더불어 이 땅에 오셔서 행한 가장 중요한 일 중 하나가 제자 공동체를 세우는 일이었다. 열두 명의 제자와 함께 먹고 자면서 하나님 나라의 복음을 가르치셨다. 예수님의 부활을 목격한 제자들과 그 이야기를 들은 이들은 성령님의 임재와 인도에 따라 생명 공동체를 세워 나가기 시작했다. 그리스도인이라 불리는 이들이 가는 곳마다 성령님을 통해 보여 주신 하나님 나라의 비전이 전파되고 그 나라 안에서 누리는 생명의 풍성함을 증거하는 공동체가 세워졌다.

이런 공동체를 교회라고 부를 수도 있겠지만, 생명 공동체는 제도적 교회를 넘어선다. 제도적 교회는 자칫 각 개인의 서사를 무시하고 동일성을 추구한다는 명목으로 집단의 한 가치 아래로 통합해 버릴 여지가 많다. 우리는 생명 공동체 안에서 각 개인의 서사가 확장되고 또한 생명 공동체는 기꺼이 개인의 서사를 펼치고 새롭게 창조해 나가도록 도와야 한다. 죽음이 지배하는 세상에 생명의 물살이 강해지기 위해서는 각 개인의 이야기가 모여지는 공동체의 서사가 필요하다.

생명 공동체의 이야기를 위해 중요한 것들

각 개인의 이야기가 생명 공동체로서 우리의 서사와 엮이기 위해서는 중요한 요소들이 있다. 우선, 우리 안에 나라는 인식이다. 마치 신체 구조처럼 공동체와 구성원이 유기적으로 적절하게 결합되는 관계가 좋다. 그리고 한 개인의 서사는 그 사람의 존재와 같기 때문에 어떠한 이야기도 공동체 안에서 소외되지 않고 존중받아야 한다. 각자의 서사를 존중하고 지지하는 것에서 공동체의 기반이 든든해진다. 또한 각 개인의 인생 여정이 결국에는 동일한 지향점을 가지고 있었다는 사실을 발견하는 것이 중요하다. 서로의 인생 이야기를 통해서 공통된 지향점을 발견하는 것이다. 이 일은 세상을 향한 하나님의 소명에 함께 참여함으로써 가능하며, 하나님 나라의 대서사의 한 부분들로서 서로가 인생 이야기를 만들어 가도록 지지하는 것이 중요하다.

'우리 안에 나'라는 인식

'우리'라는 개념은 일반적으로 사회적 관계를 맺고 있으면서 공동의 가치를 가지고 있는 사람들을 뜻한다. 하지만 이 책에서 우리를 사용할 때는 구체적으로 '예수 그리스도와 연합된 사람들'이라는 정의를 내리고 싶다. 예수님은 자신의 죽음과 부활을 통해 우리에게 영원한 생명을 주셨기에 지금 여기서 우리는 그 생명을 풍성하게 누릴 수 있다. 그리고 그 생명을 창조하고 전하는 성령님의 사역에 참여하게 된다. 우리는 곧 그리스도인들의 공동체를 지칭한다. 하지만 굳이 일반 개념과 구분 없이 우리라는 단어를 쓴 것은 그리스도인이 아니라 할지라도 이들을 통해서 세상의 모든 이가 생명의 풍성함을 누리게 될 것이라는 기대와 소망을 나타낸다. 우리는 '나'라는 개인이 없이는 형성될 수 없다. 나 또한 우리라는 공동체를 벗어나서는 건강한 삶을 살 수 없다. 인간이라는 존재 자체가 하나님의 형상을 닮았기 때문이다. 하나님의 형상은 공동체로 존재한다. 그래서 하나님은 성령님을 통해서 그를 믿고 따르는 그리스도인들을 예수님과 연합한 한 몸이 되게 하셨다. 우리는 공동체로 존재하기 때문에 자연스럽게 공동체 안에서 관계를 맺는다. 그 공동체의 원형이 삼위 하나님이시기 때문에 그 구성원 각자는 하나님의 형상을 닮은 존귀한 자들이다. 어떠한 차별과 소외와 배제 없이 하나님의 형상으로서 서로를 존중하고 배려한다. 케네스 리치Kenneth Leech는 이렇게 설명한다.

기독교의 사회적 전통 역시 성육신에서 끌어낼 수 있다. 만일 하나님이 인간성을 자신 속으로 받아들였다면, 인류는 하나의 연대solidarity로서 하나님과 하나가 되고 인간들끼리 서로 하나가 되기 때문이다. 알렉산드리아의 클레멘트Clement of Alexandria는 예수님이 말씀하시는 것으로 추정되는 말을 인용해 "네가 너의 형제를 보았다면, 너는 너의 하나님을 본 것이다"라고 말했다.[40]

이 개념은 마르틴 부버Martin Buber에게서도 찾을 수 있다. 그의 저서 『나와 너』에는 인간관계의 세 가지 만남이 담겨 있다. '나와 너'의 만남, '나와 그것'의 만남, 그리고 '나와 영원한 너'의 만남이다. '나와 너'의 만남에서 너는 나와 같은 존엄한 인간으로서의 존재다. 너를 통해서 나를 발견하게 하며 서로가 인간으로서 존엄과 가치를 드러나게 한다. 하지만 '너'를 물질이나 수단으로 여기고 만나게 되면 '너'는 더 이상 하나님의 형상이 아닌 물질화된 '그것'이 된다. 사람을 이용 가치로 평가하거나 자신을 효용성 있는 상품으로 인정받으려고 하는 현대 사회의 현상들이 죽음의 그림자가 드리워진 고통을 유발하는 주요 요인이 되는 것이다. 우리는 '너'를 나와 같은 존엄한 인간으로서 존중하는 것을 포기하지 않아야 한다. 혹시 '너와 나'의 만남이 불편하거나 희생을 치러야 하는 일을 만들더라도 우리가 '나와 너'의 만남을 지속적으로 이어 간다면 '영원한 너'인 하나님을 만나게 될 것이다. 동시에 '영원한 너'인 하나님은 '나와 너'의 관계 속에 개입하여 너를 '그것'이 아닌 하나님으로 볼 수 있게 할 것이다. 우리가 서로를 통해서 하나님을 만나는 신비로운 경험을 하게 될 것이라고 예수님은 가르쳐 주셨다.

> …'너희가 여기 내 형제자매 가운데 지극히 보잘 것 없는 사람
> 하나에게 한 것이 곧 내게 한 것이다' 할 것이다.
> 마태복음 25:40, 새번역

또한 '영원한 너'인 하나님은 우리가 '나와 너'의 관계를 성실하게 이어 갈 때 삶의 참된 의미를 알게 하신다. 마르틴 부버에 따르면, 서로가 진실하게 만날 때 하나님을 경험하게 되는데, 그때 하나님은 새로운 소명과 사명을 깨닫게 하신다. 사람과 신이 만나는 것은 그가 신에게만 관계하기 위해서가 아니라, 그 만남의 의미를 이 세계에 확증하기 위해서다. 모든 계시는 소명Berufung이며 사명Sendung이다.[41]

각자의 서사를 존중하고 지지하는 태도

한 개인의 서사는 그 사람의 존재다. 시냇물이 흘러 강물이 되고 바다로 흘러가듯이 각 개인의 서사가 우리의 서사를 만들고 하나님의 대서사로 흘러간다. 그렇기 때문에 각자의 서사를 존중하는 것이 매우 중요하다. 각자의 서사를 존중하기 위해서는 어떻게 해야 할까? 가장 먼저는 이야기를 나눌 공간이 필요하다. 물리적 공간과 더불어 관계의 공간은 생명이 피어나는 자리다. 그 공간 안에서 우리는 서로를 배려하고 용납하는 마음으로 기꺼이 시간을 내어 각자의 이야기를 들어 줄 수 있다. 사실 배려와 헌신 없이는 진솔한 이야기를 나누기 힘들다. 자신이 예수님과 연합되었다는 것을 받아들인 사람에게 배려와 헌신은 매우 중요한 신앙의 태도다. 왜냐하면 이는 구원의 개념과 연결되기 때문이다. 이야기를 들어 준다는 것은 그 존재를 오롯이 받아 주는 행위다. 내 자리를 양보할 수도 있겠다는 생각 없이는 힘든 일이다. 마치 양쪽 톱니바퀴가 맞물리듯이 서로 잘 물려야 작동된다. 공동체 안에서는 한 사람의 존재를 그 자리에 알맞게 세우고 그 가치가 드러나도록 서로 맞물리는 작업이 필요하다. 그것을 환대라고 한다. 하나님은 우리를 구원하시기 위해 자신의 자리를 비우고 인간의 자리로 낮아지셨다.

그는 하나님의 모습을 지니셨으나, 하나님과 동등함을 당연하게 생각하지 않으시고, 오히려 자기를 비워서 종의 모습을 취하시고, 사람과 같이 되셨습니다. 그는 사람의 모양으로 나타나셔서, 자기를 낮추시고, 죽기까지 순종하셨으니, 곧 십자가에 죽기까지 하셨습니다.

빌립보서 2:6-8, 새번역

하나님은 인간이 되어 우리와 똑같은 성정으로 사시면서 우리의 자리를 높여 주셨다. 정확히 표현하자면 우리 인간이 어떤 위치에서 어떻게 살아야 하는지를 가르치시고 몸소 보여 주셨다. 특히 인간의 자리를 빼앗긴 가난하고 병약한 사람들, 세리들과 창녀들, 이방인들과 노예들, 어린아이들과 여성들, 장애인들과 한센병 환자들까지 만나시고 그들의 이야기를 들어 주셨다. 진솔하게 예수님과 이야기를 나눈 이들은 죽음의 권세에서 해방되었고 심지어는 몸이 회복되었을 뿐만 아니라 영원한 생명을 얻게 되었다. 무엇보다 예수님을 만나는 순간에는 자신들이 그런 취급을 받을 만한 존재가 아니라 하나님의 형상을 닮은 존재라는 것을 느꼈을 것이다. 환대는 이웃을 반갑게 맞아 주는 것과 함께 그들이 공동체 안에서 자신의 위치를 찾아가도록 서로 비우며 맞춰 가는 것이다.[42] 서로가 한 몸 안에서 각자의 위치를 잘 자리 잡아 자신의 은사와 능력을 발휘하여 맡은 역할을 잘 해 나가야 한다. 서로의 서사를 존중해 주지 않으면 이루어질 수 없는 일이다. 각자가 지금껏 살아온 이야기뿐만 아니라 현재의 상황과 그들이 무엇을 가장 중요하게 생각하고 잘하는지 들어 주며 그들의 서사를 만들어 가도록 도와주어야한다.

하나님 나라의 대서사에 참여하는 수고와 기쁨

하나님이 우리와 관계를 회복하시고 우리로 하여금 풍성한 생명을 누리게 하신 것은 이루 말할 수 없는 놀라운 복이다. 하지만 여기서 머무른다면 온전한 기쁨을 누릴 수 없다. 아브라함의 약속에서도 알 수 있듯이 우리는 생명의 통로로서 소명을 받았고 그 부르심에 적극적으로 참여해야 한다. 우리의 사명은 세상에 생명을 전하여 죽음의 땅이 되살아나도록 하는 것이다. 죽음이 생명으로 바뀌는 현장에서 우리는 참된 행복을 누릴 수 있다. 죽음의 땅을 기경하고 하늘의 샘물을 잇는 삶에서 아름다운 이야기가 만들어진다. 이러한 사명을 완수하는 일은 쉽게 이루어지지 않는다. 다짐한다고 해서 모든 여건이 저절로 갖추어지고, 하는 일마다 샘물이 콸콸 나오듯이 잘 진행되는 것은 아니다. 오히려 세속적 관점에서 보면 미친 짓이며 바보 같은 삶이다. 오순절에 성령님이 오시고 그 이후 제자들이 사람들 앞에 복음을 전했을 때 수많은 사람이 회심하는 일이 벌어졌다. 예루살렘 교회는 폭발하듯 성장했다. 모든 것이 순조롭게 진행되는 듯 보였다. 하지만 얼마 못 가 박해로 인해 흩어져야만 했고 몇몇 제자는 순교를 당하고 만다. 사도 바울 또한 예수님을 만나 회심한 이후 복음에 헌신했을 때 많은 도전이 있었다. 안디옥 교회의 파송을 받아 터키와 유럽 지역을 돌아다니며 복음을 전하는 일을 했을 때 엄청난 어려움을 겪기도 했다.

> …나는 수고도 더 많이 하고, 감옥살이도 더 많이 하고, 매도 더 많이 맞고, 여러 번 죽을 뻔하였습니다. 유대 사람들에게서 마흔에서 하나를 뺀 매를 맞은 것이 다섯 번이요, 채찍으로 맞은 것이 세 번이요, 돌로 맞은 것이 한 번이요, 파선을 당한 것이 세 번이요, 밤낮 꼬박 하루를 망망한 바다를 떠다녔습니다. 자주 여행하는 동안에는, 강물의 위험과 강도의 위험과 동족의 위험과 이방 사람의 위험과 도시의 위험과 광야의 위험과 바다의 위험과 거짓 형제의 위험을 당하였습니다. 수고와 고역에 시달리고, 여러 번 밤을 지새우고, 주리고, 목마르고, 여러 번 굶고, 추위에 떨고, 헐벗었습니다.
>
> 고린도후서 11:23-27, 새번역

바울은 어려움을 감내하면서도 생명을 전하는 일에서 오는 행복을 알고 있었기 때문에 그 일들을 할 수 있었다. 그때 아름다운 우리의 서사가 만들어지는 것이다. 그렇다고 일부러 어려운 일을 자처하거나 속절없이 고난을 당하라는 의미는 아니다. 생명을 전하는 일을 낭만적으로 생각하지 말라는 뜻이다. 이 일이 소중하다는 것을 알기에 더러는 큰 결단을 하고 참여하기도 한다. 하지만 많은 사람이 순진하게도 생명을 전하는 일에만 전념할 수 있도록 하나님이 모든 상황과 여건을 마련해 주실 것이라고 막연히 생각하기도 한다.

나에 관한 이야기다. 젊은 시절 대기업에서 회사를 다니고 있던 나는 선교사가 되기 위해서 회사를 그만두는 큰 결단을 했다. 여름휴가 때 선교한국에 참여하여 심각하게 기도하며 선택한 결정이었다. 그리고 복음을 전하는 일을 하게 되면 생계 문제나 심지어 결혼 문제도 하나님이 전부 해결해 주실 것이라 믿고 아무 걱정 없이 단호하게 사표를 제출했다. 그러나 현실은 냉혹했다. 곧이어 외롭고 힘든 생활이 시작되었다. 꽤 오랜 시간이 흐르고 신학 공부와 신앙 훈련을 하면서 균형 있는 믿음을 갖게 되었고 성숙한 판단을 할 수 있게 되었다. 지금 생각해 보면 이러한 경험까지도 나의 서사이자 우리의 서사로 담아낼 수 있는 아름다운 이야기임에 틀림없어 보인다.

하나님 나라의 생명 운동에 참여하는 사람들은 어떤 직업, 출신, 배경, 신체적 조건을 막론하고 차등이 없으며, 각자의 특별한 부르심이 있고 그에 따른 고난이 있다. 목회자나 선교사와 같은 특정한 직업을 통해서만 생명을 전하는 것이 아니다. 중요한 것은 그 운동에 참여하는 것 자체를 영광으로 여기고, 지금 하고 있는 일과 사회적 관계와 맞닥뜨리고 있는 현실 속에서 하나님 나라를 살아 내는 것이다. 그리고 생명이 아닌 일과 불의한 관계는 과감하게 정리하는 것이 좋다. 우리와 동행하시는 성령님이 생명을 새롭게 창조하기 위해 우리를 바르게 인도해 주실 것이다.

우리의 서사를 만들기 위해 중요한 요소를 살펴보았다. 이제 어떻게 우리가 생명의 수혜자임과 동시에 전달자로 살아갈 수 있을까? 성령님의 새창조 사역에 참여하여 더 이상 죽음의 세력이 그림자를 드리지 않도록 할 수 있을 것인가? 이 일을 위해서 생명 공동체를 만들고 확대해 가는 것이 가장 중요한 우리의 소명임을 성령께서 깨닫게 하신다. 그 안에서 우리는 연합하여 서사를 창조해 갈 것이다. 우리의 서사에는 환대와 연대 그리고 확대가 포함된다.

행복한 삶을 위한 생명 공동체

향유享有와 사랑

생명 공동체는 생명을 향유한다. '향유하다'의 사전적 의미는 '누리어 가지다'라는 뜻이다. 우리는 하나님으로부터 생명을 받았고 현재 그것을 누리며 소유하고 있다. 예수님도 우리를 구원한 목적에 관해 이렇게 말씀하셨다. "내가 온 것은 양으로 생명을 얻게 하고 더 풍성히 얻게 하려는 것이라"(요 10:10). 이미 주어진 생명을 누리는 것, 그것도 풍성하게 누리는 것이 우리에게 주어진 삶이다. 우리에게 주어진 생명은 무엇일까, 그리고 어떻게 하면 그 생명을 풍성히 누릴 수 있을까. 앞서 우리는 생명에 관한 이야기를 했다. 다시 요약하자면 하나님이 우리에게 주신 생명은 무엇보다도 하나님 자신이다. 하나님이셨던 예수님은 우리에게 자신을 아낌없이 내주셨다. 그런 예수님은 우리가 당신을 아낌없이 누리길 원하셨다. 우리는 한 사람을 진정으로 사랑할 때 그 사람을 소유하지 않고 향유할 수 있다. 그 사람의 전인격을 알아가며 그/그녀의 성품과 삶으로부터 피어나는 향기를 누리게 된다. 예수님을 향유하는 것도 마찬가지다. 예수님을 깊고 넓게 알기 위해서 우리는 그분과 친밀한 사귐을 가져야 한다. 마치 자신의 부끄러움을 감추기 위해 아무도 오지 않는 대낮에 우물을 찾았던 여인이 우물가에서 영원한 생명수를 발견했듯이, 예수님이 우리의 영원한 생명수임을 알고 그 생명의 물을 마시면서 삶의 의미와 기쁨을 누려야 한다. 신비한 것은 그 생명을 누리면 누릴수록 우리가 예수님을 닮아 간다는 사실이다. 죽음에 지배당하면 죽음을 닮아 가고 생명을 향유하면 예수님을 닮아 간다.

어떻게 생명을 풍성하게 향유할 수 있을까? 예수님은 공적 업무의 첫 시작을 가나 마을의 결혼식장에서 시작하셨다. 그곳은 잔치가 벌어진 곳이다. 사람들은 결혼 축제에 흠뻑 취해 있었고 흥이 무르익을 무렵 안타깝게도 잔치에 포도주가 떨어졌다. 잔칫집에 포도주가 떨어졌다는 것은 가장 기쁨으로 채워져야 할 자리에 흥이 사라졌음을 의미한다. 생명으로 가득했던 세상에 갑작스럽게 생명의 물줄기가 끊긴 것이다. 포도주 없이도 결혼 잔치는 아무 일 없다는 듯이 진행되었다. 이러한 상황에서 예수님은 물로 포도주를 만드는 기적을 일으키셨다. 그 물은 집주인이 종교 의례를 행하기 위해 마련한 항아리에 담겨져 있었다. 항아리가 이동하는 동안 물은 포도주로 변했고 그 맛은 잔치를 주관했던 전문가마저 감탄할 정도로 신비하고 황홀했다. 잔칫집은 이전보다 더 큰 홍으로 가득해졌다. 세상이 처음 생겨나고 태초의 인간이 살았던 에덴동산은 결혼식의 잔칫집과도 같은 곳이었다. 그들이 하나님을 배반하여 그곳으로부터 쫓겨나 살았던 세상은 장례식장처럼 되어 버렸다. 그런 세상에 오신 예수님은 다시 우리를 위해 잔치를 벌이셨다. 세상에서는 맛볼 수 없는 포도주를 만들어 주셨는데, 그 포도주는 신비롭게도 예수님 자신이 십자가에 흘리신 피를 의미한다. 포도주는 우리를 위해 희생하신 예수님이었다. 그러므로 우리는 잔치에 참여하여 포도주를 마시듯 예수님을 누림으로써 진정한 기쁨을 향유할 수 있다. 여태껏 우리는 왜 이 기쁨을 누리지 못했을까? 문제의 핵심은 단순하다. 사람들이 잔치에 참여하지 않으려 했기 때문이다. 참여하지 않으려는 이들은 다양한 핑계를 가지고 있다. 과연 우리의 인생에서 생명의 잔치보다 더 중요한 것이 있을까? 예수님은 이런 비유를 들며 우리의 현실을 보게 했다.

"…어떤 사람이 큰 잔치를 베풀고, 많은 사람을 초대하였다. 잔치 시간이 되어, 그는 자기 종을 보내서 '준비가 다 되었으니, 오십시오' 하고 초대받은 사람들에게 말하게 하였다. 그런데 그들은 모두 하나같이 핑계를 대기 시작하였다. 한 사람은 그에게 말하기를 '내가 밭을 샀는데, 가서 보아야 하겠소. 부디 양해해 주기 바라오' 하였다. 다른 사람은 '내가 겨릿소 다섯 쌍을 샀는데, 그것들을 시험하러 가는 길이오. 부디 양해해 주기 바라오' 하고 말하였다. 또 다른 사람은 '내가 장가를 들어서, 아내를 맞이하였소. 그러니 가지 못하겠소' 하고 말하였다. 그 종이 돌아와서, 이것을 그대로 자기 주인에게 일렀다. 그러자 집주인이 노하여 종더러 말하기를 '어서 시내의 거리와 골목으로 나가서, 가난한 사람들과 지체에 장애가 있는 사람들과 눈먼 사람들과 다리 저는 사람들을 이리로 데려 오너라' 하였다. 그렇게 한 뒤에 종이 말하였다. '주인님, 분부대로 하였습니다만, 아직도 자리가 남아 있습니다.' 주인이 종에게 말하였다. '큰길과 산울타리로 나가서, 사람들을 억지로라도 데려다가, 내 집을 채워라. 내가 너희에게 말한다. 초대를 받은 사람들 가운데서는, 아무도 나의 잔치를 맛보지 못할 것이다.'"

누가복음 14:16-24, 새번역

그들이 초대에 응하지 않은 이유는 다른 곳에서 기쁨을 찾으려 했기 때문이다. 우리 주변에는 진짜 행복을 줄 것만 같은 유혹들이 아주 많다. 하지만 그것들은 일시적 기쁨을 주고 이내 사라지고 만다. 세상의 유혹은 솜사탕처럼 달콤하지만 허망하다. 죽음의 고통 속에서 피어나는 기쁨만이 진정한 행복을 가져다준다. 예수님은 죽음을 품은 생명의 진원지다. 죽음으로 순종했기에 부활의 영광이 주어졌고 그를 믿는 모든 이에게 생명의 기쁨을 전해 줄 수 있었던 것이다. 집주인이 불러온 사람들은 세상에서 버림받거나 소외된 사람들이다. 사회 구성원으로 들어올 수 없어 항상 죽음의 그늘 아래 살아가며 빛을 소망하는 사람들이다. 누군가가 그들을 부른다는 것, 더군다나 잔칫집에 초대한다는 것은 그 무엇과도 바꿀 수 없는 행복이었을 것이다. 그들은 마음껏 먹고 마시며, 음악에 맞춰 몸을 덩실거리고 주인에게 몸을 굽혀 감사했을 것이다. 마치 그 순간만큼은 집주인의 가족이 된 것처럼 말이다. 이처럼 우리는 불현듯 찾아온 기쁨, 곧 예수를 향유하게 된 것이다.

잔칫집에 왔으면서도 여전히 자신의 신념과 전통을 중요시하는 사람들은 그 기쁨을 누리기 어렵다. 즐기기보다는 이런저런 비판만 늘어놓기 때문이다. 오래전 회사에서 신입 교육을 받을 때 레크리에이션 강사가 들려주었던 이야기다. 그가 한 번은 많은 기업의 회장과 사장이 모인 곳에서 레크리에이션을 진행했다고 한다. 흥겨운 노래에 맞춰서 코믹한 율동을 인도하는데 어린아이처럼 가장 열심히 따라하며 그 시간을 즐기는 사람이 있는가 하면, 반면에 따라하는 둥 마는 둥 더러는 팔짱을 끼고 지켜보고만 있는 사람들이 있었던 모양이다. 나중에 보니 열심히 따라하며 즐기는 사람들은 알 만한 대기업 회장들이었고 팔짱을 끼고 앉아 있는 사람들은 대부분 중소기업의 젊은 사장들이었다는 것을 알게 되었다. 그 모습을 보면서 경영자들이 평소에 회사를 어떤 마음과 태도로 운영하고 있는지를 대략 짐작하게 되었고, 대기업과 중소기업 간의 차이를 느낄 수 있었다고 했다. 물론 경영자의 일면만 보고 회사의 형태를 가늠하는 것은 무리일 수 있다. 하지만 우리는 이미 주어진 생명을 누리기보다는 팔짱을 끼고 비판만 하고 있는 것은 아닌지 스스로 돌아볼 필요가 있다. 예수님은 우리를 위해 축제를 마련하셨고 참석할 자격이 없는 우리를 초대해 주셨다. 그렇다면 그것만으로도 충분히 기뻐할 이유가 되지 않은가. 축제 장소가 어떻고 형식이 어떻고 그래서 나의 가치가 문화와 잘 맞지 않다는 등의 판단보다는 그저 그 축제를 즐겁게 누리는 것이 초대받은 우리의 몫이다. 초대받은 이들과 더불어 예수님을 향유하는 것이 행복이며 그에 관한 이야기가 우리의 서사를 만들어 간다.

예수님이 우리에게 베풀어 주신 축제는 어떤 것일까? 위 이야기와 같은 잔칫집을 상상하며 『위대한 개츠비』[43]에서 펼쳐지는 값비싼 술, 음식, 음악으로 어우러진 잔치를 기대할 수 있다. 하지만 아쉽게도 예수님이 우리에게 주고자 하는 축제의 기쁨은 그런 것이 아니다. 축제의 즐거움은 우리와 관계하는 사람과 우리의 마음에서 찾을 수 있다. 주위를 살펴보면 우리에게 축제의 기쁨을 누릴 수 있는 많은 것이 있다. 우리 가정을 놓고 본다면 아내와 남편, 아이들이 있다. 매일 우리는 식탁을 대한다. 평소에도 식탁에 맛있는 돼지고기 두루치기라도 올라온다면 와인으로 기쁨을 더할 수 있다. 기념일과 특별한 날에는 조금 더 근사한 식탁이 된다. 생일날은 말할 것도 없이 축제 날이다. 우리 집은 다섯 식구이기 때문에 일 년에 최소한 다섯 번은 생일 파티를 한다.

예수님 탄생일, 가정 교회 식구들 생일, 설날, 추석 등 가장 기본적으로 거의 매달 한 번은 파티다. 감사하는 마음으로 즐길 준비만 되어 있다면 언제든 축제가 될 수 있다. 가족을 벗어나 공동체 안에서도 우리는 축제가 될 만한 것들을 얼마든지 찾을 수 있다. 공동체 안에서 서로 교제하는 시간과 공간은 모두가 축제의 요소다. 축제를 형식과 의례로 가두지만 않는다면, 인생의 동반자들과 모여 있는 것만으로도 기쁨이 흘러나온다.

예수님과 더불어 축제의 가장 중요한 또 하나의 요소는 그분을 기쁨과 생명의 근원으로 받아들이는 사람에게 있다. 구성원 한 사람의 이야기를 경청하고 서사를 만들어 줌으로써 축제를 만들 수 있다. 그것을 통해 서로를 향유할 수 있다. 나는 교회의 세례식에 참여할 때마다 형언할 수 없는 기쁨과 은혜를 경험한다. 내가 속한 교회는 세례식을 교단에서 요구하는 질의와 응답, 그리고 물을 머리에 얹는 안수로 끝내지 않는다. 모든 회중에게 세례자의 이야기가 들려진다. 사전에 세례 교육을 하면서 자신의 신앙 여정을 기록하게 한다. 신앙 여정의 이야기는 그동안 살아왔던 굴곡진 삶의 사건들과 변화를 서술하고 있어서 꽤 긴 자서전과 같다. 현재의 내가 있기까지 삶의 파편들을 그리스도 안에서 해석하고 삶의 의미를 진술하게 써 내려간다. 그 이야기는 세례식을 집례하는 설교자의 이야기를 통해서 모든 회중에게 들려지며 공동체는 그의 삶과 그 존재를 그리스도와 연합된 한 몸으로 받아들인다. 세례식은 단순히 세례자의 고백과 결단뿐만 아니라 공동체가 세례자를 받아들이고 끝까지 사랑하겠다는 다짐까지 포함한다. 이를 통해서 세례자와 공동체는 서로를 향유하게 되고 생명의 축제를 누리게 된다.

개인의 서사가 있는 공동체 안에서 우리는 더욱 풍성한 축제의 기쁨을 누릴 수 있다. 각 개인이 서로 연결되는 연합의 힘은 하나님 나라의 생명을 누리는 기쁨을 배가한다. 개인이 서로 연결되어 하나가 되는 과정이 사랑이다. 축제의 기쁨을 지탱해 주는 것이 사랑이다. 사랑은 줄곧 추상적 개념으로 다가오지만, 공동체를 이루어 가는 과정에서 사랑은 매우 구체적이고 실천적이다. 하나님의 사랑은 우리를 용서하시고 받아 주신 것으로 나타난다. 용서와 화해는 모두 공동체적 개념이다. 예수님의 한 몸으로서 연합을 이루어 가는 생명 공동체는 서로 용서하고 받아 줌으로써 사랑을 실천한다. 서로를 환대하여 나의 위치를 알고 타인에게 그가 있어야 할 자리와 역할을 인정해 주는 것이 사랑이다. 그래서 레비나스Emmanuel Levinas는 타인을 위해서 자신의 즐거움까지 기꺼이 내주어야 한다고 말한다. 이러한 과정은 나를 부인하고 자기 십자가를 지는 일이며 이에 따라 공동체가 예수님의 한 몸으로 형성되는 신비를 경험하는 일이다. 이 과정에서 겪는 아픔, 회복, 성숙은 우리의 서사에 담길 중요한 내용이다. 공동체 안에서 개인 간의 사랑은 공동체의 연합으로 확대된다. 공동체가 사랑으로 하나가 되는 과정의 이야기를 통해서 서로가 동일한 정체성을 지닌 존재라는 것을 확인하는 기쁨이 있다. 때

때로 세속적 처세에 능한 사람들 속에서 그들과 다르게 살아가는 삶에 의심이 들거나 외롭고 힘겨울 때가 있다. 다르게 살지 않아도 구원을 얻는 것에는 지장이 없지 않을까, 하는 생각이 들기도 한다. 하지만 예수님의 생명과 사랑을 누리는 개인과 공동체에는 동일한 하나님 나라의 DNA가 존재한다. 개인이 공동체에서 경험하듯이 공동체가 서로 하나님 나라의 시민으로서 동질감을 느끼고 다른 삶을 지지하고 힘을 실어 주기 때문이다.

또한 공동체의 연대를 통해서 우리는 조금 더 규모 있는 생명 운동을 펼칠 수 있다. 나의 어린 시절 고향 마을에는 교회가 참 많았다. 거의 각 마을마다 교회가 있었고 교회는 청년회가 활동하는 터전이었다. 우리 마을에도 미국 남장로교 선교사님이 세운 아주 오래된 교회가 있었고, 사람들은 대부분 교회를 다녔다. 청년들은 매년 여름이 다가오면 여름성경학교를 준비하기 위해 군 연합 교사 강습회에 참여하여 이웃 교회 청년들과 교제를 나누었다. 여름성경학교 기간에는 교회 가까이에 사는 사람들이 자신의 집을 제공하여 아이들이 반별 활동을 할 수 있도록 배려해 주었고, 더러는 미숫가루나 아이스크림 같은 간식을 준비해 주기도 했다. 그 기간에는 온 마을이 학교가 되었다. 여름성경학교가 끝나면 청년들은 배구 시합을 준비했다. 그 당시 읍에서는 매년 리 대항 배구 대회를 개최했다. 각 마을 청년들이 즐기던 배구를 읍의 축제로 가져온 것이다. 교회와 관련한 일은 아니었지만 단합된 마음으로 읍의 축제를 열심히 준비했다. 한 여름날, 읍내의 중학교 운동장은 각 마을에서 온 사람들로 북적거렸다. 선수들뿐만 아니라 식사를 준비하거나 응원하기 위해 거의 온 마을 사람들이 동원되었기 때문이다. 사람들은 비록 자신들의 마을이 승리하기를 원하면서도 같은 읍내에 속해 있다는 것을 매우 뿌듯하게 여겼다. 이제는 시골까지도 도시화가 진행되고 청년들이 많지 않아 이런 일들을 계획하기가 쉽지 않다. 다른 환경과 문화 속에서 우리가 향유할 수 있는 생명 문화를 창조해 가야 한다. 참된 기쁨의 근원을 알고 있는 교회 공동체가 서로 연합하여 일을 꾸민다면 멋진 축제가 될 것이다. 연합 활동에서도 항상 잊지 말아야 할 것은 사랑에 기초를 둔 환대의 정신이다. 특히 죽음의 문화 속에서 이질적이고 반항적인 세력을 만나게 되면 죽음까지도 포용할 수 있는 사랑의 수고와 배려의 마음이 장착되어 있어야 한다.

자신과 공동체 안에서의 환대

예수님을 잘 누리기 위해서는 그 부요하심(고후 8:9)에 참여하는 것이 중요하다. 자기 자신에 집착하게 되면 오히려 자신에게 중요한 것이 무엇인지 놓칠 뿐 아니라 공동체의 필요를 오해할 수가 있다. 서사를 강조했던 또 하나의 중요한 이유가 여기에 있다. 서사를 쓰는 것은 자신에게 집중하기보다 공동체의 관점에서 내가 그동안 살아오면서 얼마나 헛된 행복을 위해 살아왔는지를 발견하고 진정한 기쁨을 향유하는 것이 무엇인지를 깨닫기 위해서다. 예수님의 생명은 이 우주를 넘어 흘러넘친다. 먼저 집착에서 벗어나 나를 예수님에게 의탁해야 한다. 우리를 기꺼이 환대하시는 예수님의 그 부요하심을 경험하게 되면 진정한 자신을 보게 된다. 그 경험으로 나 자신과 이웃을 환대할 수 있다. 환대는 타자의 입장에서 나를 보고 생명의 공동체 안에서 참된 기쁨을 누리도록 한다.

나 자신을 환대하기

환대는 두 측면, 곧 나 자신과 타인에게서 이루어진다. 환대는 타인을 대하는 태도와 관련한 것만은 아니다. 먼저 나에 대한 환대가 이루어져야 하고 그것은 자신과의 관계 회복에서 시작된다. 그 관계는 과거의 나와 현재의 나다. 조금 더 정확하게는 그리스도 안에 있는 현재의 나와 죽음의 고통 속에 있었던 과거의 나다. 이 두 존재가 화해하여 본연의 나의 모습으로 하나가 되어야 한다. 나와 화해하기 위해서는 자신을 받아들이고 용납하는 일이 필요하다. 우리는 보통 업적이나 성공을 거두어 타인에게 좋은 평가를 받는 명예로운 자신의 모습만을 인정하려고 한다. 우리는 살아가면서 가족으로부터 크게 상처를 입거나 실수나 실패를 겪으면서 인정받지 못해 수치를 경험할 때가 많다. 그런 초라한 나의 모습을 거부하려고 한다. 하지만 그 모습 또한 나다. 인간이라면 누구나 성공보다 실패를 겪으며 살아온 날들에 대한 기억을 훨씬 많이 가지고 있다. 내가 나를 받아 주지 않고 용납해 주지 않으면 누가 나를 인정해 주겠는가! 치부를 회피하고 감추기 위해 감정을 억누르고, 실제의 내가 아닌 꾸며진 나를 타인에게 보여 주려고 애쓰며 사는 게 인간이다. 자신을 환대하지 못하는 나는 타인과의 관계에서도 큰 영향을 미친다.

과거의 일이다. 30대 후반의 혜영(가명)은 선교사가 되기 위해 마지막 코스인 선교 훈련과 선교사 후보생 과정에 들어왔다.

영어로 수업을 듣고 타문화 지역의 후보생들을 접하며 선교 단체의 규율과 업무 방식을 새롭게 익히는 것은 모든 훈련생에게 매우 어렵고 스트레스가 되는 일이었다. 서로가 이 상황을 이해하고 받아들여야만 원만하게 생활할 수 있었다. 하지만 혜영은 보통의 훈련생들과 다른 이유로 힘들고 어려운 시간을 보냈다. 사실 훈련의 가장 중요한 목적 중 하나가 이질적 문화 속에서 서로를 받아들이고 하나의 목표를 위한 협력을 배우는 일이었다. 하지만 그녀는 여러 훈련생과 사소한 일로 자주 다투었고 심지어는 훈련을 지도하는 교사 선교사들에게까지 불만이 가득 생겼다. 여린 내면에 심성이 착한 그녀였지만 타인들과 친밀한 관계를 맺는 것이 쉽지 않았다. 그녀는 자신의 상황을 매우 비관하듯이 말했다. 좋은 배우자를 만나 함께 선교 사역을 하고 싶은 욕구가 강했지만 그렇지 못한 현실을 탓했고 자신에 대해서도 약간 부정적이었다. 그녀를 안타깝게 여긴 동료들은 좋은 배우자를 만나기 위해 그녀가 가진 매력을 어떻게 보여 줄 수 있을지 조언을 해 주었다. 그녀는 호기심을 가지고 잘 듣는 듯했지만, 동료들의 조언과는 상관없이 자신의 편한 복장과 스타일을 언제나 고수했다. 얼마 지나지 않아 그녀는 동료들의 조언을 자신을 향한 비난으로 받아들였고, 언짢은 감정을 쌓아 놓았다가 사소한 문제로 말다툼이 일어나면 그때의 감정을 쏟아 놓곤 했다.

또한 그녀는 자신에게 매우 의존적인 어머니를 홀로 남겨 두고 타지에 나온 것을 크게 걱정했다. 가족이 있는 훈련생들은 배려하는 마음으로 그녀를 대하려고 노력했지만, 오히려 그녀는 동료들이 자신을 무시한다고 오해하기까지 했다. 그러면서 자신보다 영어를 못하고 생활 수준이 낮은 한 훈련생 가족을 무시하는 행동을 했다. 안타깝게도 당시의 그녀는 자신을 환대하지 못했고, 어떻게 자신을 사랑해야 할지 모르는 듯 보였다.

자기를 환대하지 못하면 타인을 무시하는 행동으로 나타날 수 있다. 한 정신과 의사는 남을 무시하는 중요한 원인을 열등감이라고 설명한다. 자신을 스스로 무가치하고 무능한 존재라고 생각하는 사람들이 그 감정을 숨기고 싶어서 남을 무시하고 깎아내린다고 한다.[44] 우리는 자신을 환대하지 못하거나 사랑하지 않는 상태에서 대의를 위해 헌신하는 것을 경계해야 한다. 선한 일을 한다고 해서 나 자신이 변화되지 않는다. 또한 선한 일을 하는 것이 나 자신을 환대하고 사랑하는 표시라고 착각해서는 안 된다. 자칫 대의와 선한 일을 하는 것으로 나 자신을 속일 수 있다. 겉으로는 주변 사람들이 대단한 사람으로 칭찬해 주거나 존경해 줄 수 있을 것이다. 하지만 그것이 나에게 생명을 주고 나를 나답게 만들거나 성숙하게 하지 않는다. 성직자나 선교사로 자신의 일생을 바치는 것은 매우 귀한 일이다. 하지만 그것을 나의 어려운 상황을 해결하거나 자신의 처지를 변화시킬 목적으로 하나님과 거래하듯이 헌신하는 일은 바람직하지 않다. 충분히 자신을 환대하고 사랑하다 보면 이기적인 욕망보다는 세상에 생명을 주고자 하는 하나님의 뜻과 마음을 깨닫게 되고 생명을 전하는 일에 참여하는 것만으로도 기쁨을 누릴 수 있게 된다.

어떻게 하면 자신을 환대할 수 있을까? 나는 그 해답을 인생 서사에서 발견했다. 살아온 삶을 성찰하고 이야기를 쓰다 보면 나를 직면할 수 있다. 과거의 어느 순간, 어느 사건이나 지속된 상황 속에서 겪었던 불편하고 괴로웠던 경험들이 나 자신을 밀쳐 내고 있었다는 것을 발견하게 된다. 특히 자신의 문제보다는 가족이나 타인들 속에 얽혀 있는 문제나 거기서 비롯한 사건들로 인한 상처와 고통의 시간을 발견하게 된다. 나의 이야기를 쓰면서 그 순간으로 되돌아가 자신을 토닥이는 작업이 필요하다. 한 노인복지관에서 8회기로 진행하는 웰다잉 교육 과정에서 '토닥토닥' 시간을 가진 적이 있다. 도화지에 자기의 왼손과 오른손을 그려서 그것을 모양대로 손목까지 오리게 했다. 그리는 동안 자기 손의 모양을 잘 살피게 했다. 지금까지 나를 이렇게 살도록 만든 수고한 손을 자세히 들여다보며 그 손을 통해 자신의 삶을 보게 했다. 또 다른 도화지 안에는 가장 자랑스러웠던 때의 나의 모습을 그리거나 간단한 문장으로 표현하게 했다. 그 자랑스러움은 성공과 성취만이 아니라 실패와 고통 속에서도 얻을 수 있는 속 깊은 감정이다. 도화지에 그려진 나의 모습 주위에 색종이로 예쁘게 꽃을 오려서 붙이게 했다. 그리고 만들어진 두 손을 자신이 그려진 도화지의 양 모서리 중앙에 붙였다. 어르신들은 두 손으로 과거의 자신을 감싸고 토닥이며 그렇게 살아왔던 자신을 받아들였다. 현재의 내가 기억 속의 나를 용납하고 화해하는 계기를 마련한 것이다. 나에 대한 환대는 나의 과거의 모든 기억이 제자리에서 빛을 발할 수 있도록 나를 인정하는 일이다. 환대는 죽기까지 자신을 희생한 예수님이 행하신 사랑의 원천이다. 이 사실을 받아들인 이들은 기꺼이 자신을 환대하고 이웃을 환대할 수 있는 존재로 거듭난다.

환대 공동체 만들기

나에 대한 환대는 타인에 대한 환대로 이어진다. 나 자신을 환대하게 되면 이웃과 세상을 사랑할 수 있는 힘이 생겨난다. 나를 소중히 여기고 사랑하는 사람은 이웃을 소중하게 여기고 사랑하게 된다.

…너는 너의 이웃을 네 몸처럼 사랑하여라….
레위기 19:18, 새번역

…네 이웃을 네 몸과 같이 사랑하여라….
마태복음 22:39, 새번역

예수님은 이웃을 자신과 동등한 존재로 여기고 자신이 대접받기를 원하듯이 동일하게 사랑하라고 말씀하셨다. 나의 존재를 그대로 받아들이고 존엄을 인정하듯이 타인에게도 동일하게 행한다면, 각기 독특한 특성과 성향을 지닌 존재로 서로의 다름을 받아들일 수 있다. 그것이 환대의 출발이다.

환대의 가장 기초적 바탕은 타인과 내가 동일하게 하나님의 형상을 닮은 인간임을 인정함으로써 동등한 위치에서 서로를 대접하는 것이다. 예수님은 "무엇이든지 남에게 대접을 받고자 하는 대로 너희도 남을 대접하여라"(마 7:12)라고 가르치셨다. 내가 편하게 눕고 맛있는 음식을 먹으며 여유로운 시간을 갖고 싶은 것처럼 타인도 그 일을 원하고 있다는 사실을 알아야 한다. 상급자가 하급자에게 존중을 받고자 하는 마음만큼, 하급자도 동일한 마음을 가지고 있다. 사장은 직원들에게 직장을 집이나 가족처럼 여기라고 요구하지만 정작 직원을 대하는 방식이나 직원들의 복지는 사장의 가족과는 다르게 대우한다. 이제 갓 결혼한 며느리에게 자신을 엄마처럼 생각하고 시댁을 친정처럼 여기라고 친절을 베풀 듯이 말하지만 정작 친딸과 며느리를 대하는 태도가 다르다면 문제가 있다. 교회에서 담임목사가 부목사들을 동역자로 여긴다고 하지만 책임을 요구하면서 역할에 따른 권한과 처우가 불평등하다면 문제가 있다. 나의 감정과 욕구가 중요한 만큼 타인의 그것들을 동시에 생각하는 것이 기본이다. 이것을 상황과 이해를 바탕으로 서로가 제자리를 잘 찾아가도록 돕는 것이 환대다.

또한 성경은 구원받은 성도들을 한 몸으로 비유하며 예수님과 연합되어 있다고 가르친다. 한 몸에는 다양한 지체들이 각자의 자리에서 자신들의 기능을 한다. 눈, 코, 입, 손, 팔, 다리 등 겉으로 보이는 지체만 보더라도 신체에서 가장 알맞은 곳에 위치하여 자신의 역할을 충실하게 감당한다. 눈이 손의 역할을 할 수 없고 손이 입의 역할을 할 수 없다. 우리는 동일한 인간이라고 할지라도 기질과 성격, 그리고 살아온 삶의 양식에 따라 매우 다양하고 독특한 문화와 재능을 가지고 있다. 타인을 대할 때 다름을 받아들이는 것이 중요하다. 나와 성향이 다르다고 해서 틀린 것이 아니다. 좁게는 우리가 관계하는 이웃들의 다른 문화를 받아들이는 노력이 필요하다. 그래야 건강한 공동체를 형성할 수 있는 기초가 만들어진다. 공동체는 다른 성향과 문화를 가진 이들이 한 몸을 이루는 것이기 때문에 다름을 인정하지 않는다면 온 몸이 눈이나 손이 되는 것처럼 묘하고 기형적인 조직이 될 수 있다. 다름을 인정하고 받아들일 수 있을 때 서로가 공동체의 일부가 될 수 있도록 도와주며 기다려 줄 수 있다. 그렇지 않으면 소외와 배제가 발생하고 심각한 갈등이 야기될 수 있다. 세속 문화에 영향을 받고 있는 우리는 나뿐만 아니라 타인의 존재를 세속의 가치에 따라 평가하려고 한다. 그래서 예수님의 사랑이 없이는 타인을 온전히 환대하기 힘들다. 예수님과 연합된 우리는 그의 사랑에 힘입어 기꺼이 이웃을 환대할 수 있을 것이다.

예수님과 연합된 우리에게는 죽음이 드리워진 세상에 생명의 강물이 되어 세상을 치유하는 사명이 주어졌다. 그런 까닭에 교회는 예수님이 세상을 구원하신 방식인 환대를 실제적으로 배우고 실천할 필요가 있다. 지역 교회에서는 대부분 새로운 신자가 오면 환영을 잘하는 편이다. 때로는 부담스러울 정도로 반갑게 맞이하고 적극적으로 교회에 나오도록 권유한다. 하지만 시간이 갈수록 그런 환영은 줄어들고 그 교회의 여러 규율과 문화들을 배워야만 살아남을 수 있게 된다. 물론 그 과정도 어느 정도 필요하다. 하지만 현실은 많은 지역 교회가 유기적이지 않고 경직되어 있는 실정이다. 그러니까 내적 영역에서는 친절하지 않다. 나름 전통이라고 생각되는 문화 속에 내가 들어갈 틈을 발견하기 쉽지 않다. 교회 안에 형성된 여러 층의 조직을 경험하면서 오히려 소외감을 느끼는 경우가 많다. 유연하고 건강하다고 자부하는 교회도 마찬가지다. 일반적인 교회들이 쓰지 않는 낯선 용어들, 소통 구조는 잘 만들어졌지만 구조 안에 들어오지 않으면 서사에서 배제되는 '그들만의 공동체'도 별반 다르지 않다.

환대의 문화를 형성하기 위해서는 서로에게 언제나 친절하게 마음을 열고 들을 준비가 되어 있어야 한다. 환대는 반갑게 맞아 주는 것을 넘어서 한 개인의 이야기를 들어 주는 것에서부터 시작된다. 이야기하고 나누는 과정에서 마치 몸에서 피가 흐르듯 소통이 이루어진다. 이야기를 나눌 수 있다는 데서 타인은 자신이 받아들여지고 있음을 느낄 것이다. 하나님은 자신의 초월적 힘과 칼로 죽음의 세력을 제압하지 않았다. 그리고 우리를 강압적으로 그분에 나라에 편입시키지 않았다. 하나님은 우리의 이야기를 듣기 위해서 자신을 낮추셨다. 어른이 어린아이의 이야기를 듣기 위해 무릎을 꿇어 자세를 낮추는 것보다도 더 자신을 낮추셨다. 하나님이 이스라엘을 이집트에서 구원하실 때도 그 제국에서 신음하는 백성의 고통 소리와 상처 입은 이야기를 먼저 들으시고 모세를 보내셨다. 로마 제국의 압제에서 신음하는 사람들, 주류 사회에서 소외되거나 배제당한 사람들, 혐오의 대상이 되었던 사람들의 고통과 삶의 이야기를 들으시고 하나님은 아들 예수님을 보내셨다. 꼭 가난하고 소외된 사람들의 이야기만 들으신 것은 아니다. 부자와 권력자들 사이에서 부당한 정치적 결정과 부조리한 현실을 마음 아파하며 생명을 갈구했던 사람들의 이야기도 들으셨고 그들과 친구가 되어 주셨다. 이것이 하나님이 우리를 구원한 방식이다.

환대는 서로의 이야기를 들음으로써 시작된다. 생명 공동체로서의 교회는 서로가 충분히 자신의 이야기를 할 수 있는 환경과 경청할 수 있는 문화를 형성해야 한다. 공동체 구성원 모두가 자신의 이야기를 하고, 그 이야기를 경청할 때 서로의 존재를 받아들일 수 있다. 그럴 때 비로소 상처를 입고 깨어진 이들이 그 공동체 안에서 쉼과 회복을 경험할 수 있을 것이다.

예수님의 구원을 받아들인 사람은 자신들이 예수님과 연합된 존재이며 하나님을 아버지로 부를 수 있는 하늘 가족이 되었다는 사실을 알게 된다. 자신의 이야기를 들어 주고 어떻게 살아야 할지를 알게 해 준 공동체에 깊은 소속감을 가지며, 이로 인해 하늘 가족으로서의 정체성을 가지고 살아가게 된다. 그리고 자신이 공동체에서 어떤 역할을 할지 알게 될 것이고 일상에서도 참된 행복을 발견하게 될 것이다. 죽음의 그림자가 짙게 드리워진 현실을 만나더라도 이미 생명을 누릴 줄 아는 사람이 되어 생명의 근원을 포기하지 않을 것이다.

그렇다면 타인의 이야기를 잘 들어 줄 수 있는 공동체를 만드는 것이 관건이다. 어떻게 만들 것인가? 교회는 우선 소그룹 단위로 조직을 개편하는 것도 고려해야 한다. 오래전부터 각 지역 교회는 구역 모임이라는 소그룹이 있었다. 사실 이 구역 모임이 교회를 건강하게 지탱해 온 도구이자 문화였다. 하지만 더욱더 다양해지고 바빠진 일상을 살아가는 현대 사회에서는 이전 형태의 구조를 유지하기 힘들어졌다. 그래서 가정 교회나 셀 모임과 같은 다양한 형태의 소그룹으로 교회 조직을 개편한 경우가 많다. 어떤 형태의 모임이든 상관없지만 소그룹 모임에서 가장 중요한 것은 이야기다. 수직적이고 수평적인 이야기가 양방향으로 이루어져야 한다. 수직적 방향은 생명의 말씀이고 수평적 방향은 서로를 알아가고 살아가는 구성원의 이야기다. 생명의 말씀을 나누는 것은 물을 마시는 것과 같다. 목마른 사람들이 갈증을 해소하기 위해서 우물을 찾아 물을 마시는 일은 너무 당연하다.

사람들과 이야기하다 보면 너무나 자주 당연한 일을 간과한다. 사막에 앉아서 목마름이 어떻고 물을 어떻게 마셔야 하는 등의 이야기가 소용없듯이, 우리가 현실에서 겪는 이야기만 나누게 된다면 시간이 갈수록 피로감을 느끼고 모임을 회피하는 상황이 벌어질 수 있다. 사실 우리가 나누는 일상은 특별할 것이 없다. 모임에 참여하는 사람들의 이야기도 늘 반복되기 마련이다. 특별할 것 없는 일상에서 살아가는 이야기가 풍성한 나눔으로 이어지기 위해서는 삶을 해석하고 의미를 부여하는 일에 달려 있다. 그 해석과 의미 부여의 기준이 바로 생명의 말씀이다. 말씀의 이해도에 따라서 동일한 과거의 사건이라도 상황에 따라 다르게 해석될 수 있고 현재의 나에게 다른 의미로 다가올 수 있다. 그래서 모일 때마다 생명의 말씀을 읽고 나누는 것이 매우 중요하다. 우물가에서 물을 마시는 것처럼 생명의 말씀을 나눈 다음에 그 말씀에 비추어 자신의 삶을 이야기하는 것이다. 이전의 구역 모임은 구역장이 설교하거나 구역 공과를 가르쳤다. 그 당시에는 수직적 예배만으로도 참여자들이 힘을 얻고 위로를 받았다. 그렇게 세상살이가 복잡하지 않기도 했고 이미 구역원들의 사정을 알고 있을 정도로 평소에 교인들의 생활이 서로 밀접했기 때문이다. 하지만 지금은 각자의 삶의 정황이 너무 다르고 복잡하다. 이야기하지 않으면 사정과 속마음을 모를 수 있다.

이러한 환대 공동체를 만들기 위해서는 균형 있게 모임을 이끌어 갈 수 있는 인도자가 매우 중요하다. 인도자는 가르치는 자이기보다는 말 그대로 생명의 물가로 인도하는 사람이며, 서로가 물을 잘 마실 수 있도록 적절하게 이야기를 엮어 낼 줄 아는 사람이다. 그래서 때로는 목자의 역할까지 한다. 연약한 구성원의 생명이 회복될 수 있도록 돌보기도 하고 소그룹 전체가 연약한 구성원을 도울 수 있도록 권면할 수 있어야 한다. 교회 공동체는 조직 개편과 더불어 이런 인도자를 잘 배출할 수 있는 건강한 훈련 과정이 있어야 하고 꾸준하게 성장할 수 있도록 지원하는 행정 능력이 있어야 한다. 소그룹 안에서 우리는 개인과 타인을 환대하는 법을 배우고 능력까지 배양할 수 있다. 이러한 환대는 비단 교회 공동체만을 위한 것이 아니다. 결국 온 세상에 하나님 나라의 생명을 나누는 일까지 확대된다.

공동체들의 연대

하나님 나라의 생명이 온 세상으로 확대되기 위해서는 몇몇 공동체의 힘으로는 쉽지 않다. 서로의 연대를 통해서 가능하다. 연대는 공동체들의 서로를 향한 환대라고 할 수 있다. 공동체 안에 있는 개인들이 문화가 다른 타인을 한 몸 안의 동등한 지체로 받아들일 때 환대가 이루어지는 것과 같다. 환대를 위해 애쓰는 공동체들이 다른 환대 공동체와 협력을 이루고 공존하는 문화를 만들어 가야 한다. 사실 환대 공동체를 이룬다는 것은 쉽지 않다. 왜냐하면 환대 공동체는 죽음 대신에 생명을 받아들이고 그 생명이 주는 새로운 가치와 질서를 선택하기 때문이다. 그러니까 더 이상 죽음의 문화를 거부하고 이미 드리워진 죽음의 그림자를 거두어 내며 그 자리에 새로운 생명의 씨앗을 뿌리며 살아야 한다. 문제는 이렇게 살기로 작정한다고 해서 자연스럽게 살아지지 않는 데 있다. 그동안 죽음의 문화 속에서 살아온 습관과 사고 방식이 쉽게 바뀌지 않기 때문이다. 더군다나 죽음의 세력은 매 순간 생명을 포기하도록 우리를 유혹한다.

정신을 차리고, 깨어 있으십시오. 여러분의 원수 악마가, 우는 사자 같이 삼킬 자를 찾아 두루 다닙니다.
베드로전서 5:8, 새번역

죽음의 세력을 얕잡아 보아서는 안 된다. 예전처럼 공포스러운 모습으로 우리 앞에 나타나지 않는다. 예수님이 활동하던 당시에는 귀신 들린 자가 많았다. 인간의 몸에 들어간 악마는 한 인간의 몸을 참혹하게 망가뜨리며 주위 사람들을 공포로 몰아넣었다. 오늘날, 죽음의 세력은 돈을 택했다. 예수님도 그것을 아셨고 생명을 선택한 사람들에게 돈이 강력한 우상이 될 것이라고 경고하셨다. 마태복음 8장에는 예수님이 가다라 지방에서 귀신 들린 자들을 만나는 이야기가 나온다. 그들은 무덤가에 지내면서 몹시 사납게 사람들을 위협했다. 귀신들은 그 도시의 평안을 깨고 사람들을 두려움과 공포 속에 살아가도록 만드는 존재였다. 도시 사람들은 그 귀신이 제거되기를 간절히 원했을 것이다. 예수님은 그 귀신을 쫓아내셨다. 먼저 그 귀신들이 예수님이 누구인지를 알아보고 심판의 때가 왔다는 것을 깨달았는지 자신들을 돼지 떼로 들어가도록 요청했다. 귀신들이 자신들의 몸속에 들어온 것을 견디지 못한 돼지들은 바닷속으로 뛰어들어 모두 죽고 만다. 생명의 근원이신 예수님이 그 도시에서 죽음을 몰아내고 평화와 생명을 가져다주었다. 하지만 이 일에 몹시 화를 내고 거부한 사람들이 있었는데 그 돼지 떼의 주인들과 그로 인해 유익을 얻고 있었던 마을 사람들이었다. 생명이 회복되어 평화가 이루어지는 일을 원한다고 해도 자기 재산에 피해가 가거나 경제적 유익에 반한다면 즉각적으로 거부하거나 실력 행사를 하는 것이 우리의 현실이다. 사회에 꼭 필요한 시설들이 있다. 장애인들을 위한 특수 학교, 장례식장이나 화장 시설, 쓰레기 처리 시설 등 이외에도 다양한 시설들이 혐오시설嫌惡施設로 간주되어 내가 살고 있는 마을에 들어섰을 때는 절대 반대를 외치는 경우가 많다. 그 이면에는 집값이 떨어져 경제적 손실이 발생하는 것을 우려하는 이유가 작용한다. 심지어는 교회가 들어오는 것까지 반대하는 사람들이 생겨 나고 있다. 더욱 안타까운 것은 맘몬주의의 중심에 교회가 서 있다는 사실이다.

죽음을 야기하는 거대한 맘몬과 싸우기 위해서 우리는 연대해야 한다. 시냇물이 흘러 강물이 되듯 작은 환대 공동체들이 서로 힘을 모으는 것이 필요하다. 그렇다면 어떻게 연대할 수 있을까? 핵심은 각 공동체의 서사를 존중해 주는 것이다. 편입되거나 흡수하는 방식은 안 된다. 선한 뜻으로 서로 협력할 방안을 논의

하고 실천하다가 결국 어느 한 공동체가 주도적으로 이끌고 가려고 하는 경우가 있다. 아무리 선한 목적이 있고 그동안 쌓아 온 좋은 결과가 있다고 해도 그것으로 타 공동체를 재단해선 안 된다. 환대 공동체들이 연합하는 과정은 매우 자연스럽게 진행되어야 한다. 굳이 연합하려고 애쓰지 않아도 어느 지역과 공간에서 환대 공동체로서 독특한 서사를 만들어 가고 있는 것만으로도 의미가 있기 때문이다.

환대 공동체 안에서 개인들이 서로 인격적이고 친밀한 관계를 이루듯이 진정한 환대 공동체들이 만난다면 자연스럽게 서로를 알아보고 마치 물의 장력처럼 연합할 것이다. 이러한 연합은 지역과 시대를 넘어서 사회가 나아가야 할 방향을 제시한다. 작은 힘으로는 버거웠던 장벽을 무너뜨리고 새로운 물줄기를 형성할 힘이 생겨나기 때문이다. 그렇다면 연대를 통해서 할 수 있는 일은 무엇일까? 이러한 질문은 사실 연대하는 환대 공동체들에게는 그다지 어울리지 않는다. 무엇을 해야 하는 목적으로 연대가 이루어지지 않기 때문이다. 환대 공동체들이 연대하는 것만으로도 거대한 생명을 품고 있다. 삼위 하나님이 한 몸으로 연합함으로써 신비한 사랑을 품고 있는 것과 마찬가지다. 환대 공동체들은 각 공동체의 소명과 역할을 존중해 주고 지지하며 협력하는 연대를 행해야 한다.

세상으로 확대

우리는 공동체에서 경험한 생명의 풍성함이 울타리를 넘어 세상까지 확대되기를 희망해야 한다. 생명의 확대는 작은 샘물과 시냇물이 흘러 강물이 되고 결국 드넓은 바다까지 이어지는 창조적 상상력과 소망에서 비롯한다. 온 세상은 생명의 바다가 되고 상처 입은 사람들이 온전하게 치유되고 회복될 것이다. 이는 하나님 나라를 이루어 가는 모습이다. 생명을 누리는 자들은 그 나라의 완성에 대한 소망을 가지고 살아 있는 동안 삶의 자리에서 힘써야 할 사명을 가진다. 사도 요한은 계시록에서 하나님 나라가 완성되면 우리가 맞게 될 비전을 제시한다.

천사는 또, 수정과 같이 빛나는 생명수의 강을 내게 보여 주었습니다. 그 강은 하나님의 보좌와 어린 양의 보좌로부터 흘러나와서, 도시의 넓은 거리 한가운데를 흘렀습니다. 강 양쪽에는 열두 종류의 열매를 맺는 생명나무가 있어서, 달마다 열매를 내고, 그 나뭇잎은 민족들을 치료하는 데 쓰입니다.

요한계시록 22:1-2, 새번역

성령은 우리가 이 세상을 사는 동안 세상을 회복하고 새롭게 창조하는 일에 참여하도록 우리를 부르시고 인도하신다. 인종과 나라를 뛰어넘어 인류 공동의 생존과 더 나아가 모든 인류가 생명을 풍요롭게 누리게 될 것을 희망하고 생명을 전하는 일에 힘쓰기를 원하신다. 그렇게 하기 위해 우리는 무엇을 해야 하는가? 우리가 일상에서 할 수 있는 몇 가지를 제안하고자 한다.

첫 번째는 우리 사회 안에서 이해관계가 다른 사람들까지 포용하고 동일한 존엄을 지닌 인간으로서 존중하는 태도와 더불어 살아가려는 실천이 중요하다. 그 일은 생명 공동체에서 누리고 배웠던 생명과 환대의 문화를 울타리 너머 세상까지 확대하는 것이다. 세상에서 소외되고 배제된 사람들, 사회의 구성원으로 들어올 수 없는 사람들을 찾아 그들 자신의 이야기를 회복하도록 돕는 것에서 출발해야 한다. 재산을 기부하거나 물리적인 봉사도 필요하지만 근본적 해결책은 우리가 누리고 지향하고 있는 거대한 생명 회복의 서사 안으로 그들을 초대하는 것이다. 경계 너머에 있는 이웃의 이야기를 듣기 위해서는 우리가 그들의 삶 속으로 들어가야 한다. 고인물이 썩듯이, 아무리 건강한 공동체라도 한 곳에 머물러 있으면 생명의 흐름은 멈추고 비대해진다. 나는 목회자로서 내가 속한 지역 교회가 건강하고 진실한 공동체가 되기 위해 애를 썼지만, 오히려 사임하고 쉬고 있을 때 비로소 내가 살고 있는 마을 공동체가 보였다. 이웃집 사람들과 인사하기 시작했고, 아파트 경비원과 사생활까지 이야기하는 사이가 되었으며, 주민 센터 도서관을 이용하며 사람들을 만났고, 동장님과 차를 마시며 마을 현안에 관하여 들을 수 있었다. 또한 마을 동아리 모임에 참석하여 동네 사람들이 무슨 일을 하는지도 조금씩 알게 되었다. 나중에는 구의 마을 활동가로 나의 역할이 확대되었다.

우리는 내가 속한 관계의 경계를 넘어서야만 그 너머에 있는 사람들의 이야기를 들을 수 있다. 우리의 서사를 그들에게 들려주며 서로 공감하고 배려해야 한다. 그리고 자연스럽게 공동체의 이야기 안으로 그들이 들어올 수 있도록 우리의 자리를 비워 주어야 한다. 모든 것이 돈으로 귀결되는 죽음의 이야기들이 사회의 주류로 흘러가는 세상 속에서 사뭇 다른 우리의 이야기는 그들의 마음을 위로하고 치유할 것이다. 상당한 인내와 헌신이 필요한 일이기에 준비되지 않은 상태에서는 쉽지 않다. 앞에서 환대의 의미를 이야기하고 환대 공동체를 세우는 것이 왜 중요한지 언급한 이유가 여기에 있다. 이미 환대의 태도가 익숙하게 일상 문화로 자리 잡은 생명 공동체는 이 일을 무난하게 해낼 것이다.

내가 활동가로 지역 일에 참여하고 있을 때 이러한 경험을 한 적이 있다. 도시 재생 사업 희망지 단계의 사업에 반상근자로 일하고 있을 때였다. 도시 재생 사업에서 가장 핵심은 이해관계가 다른 마을 주민들의 협력을 이끌어 내는 것이다. 내가 담당했던 지역은 아주 오래전부터 무허가로 살아왔던 주민들이 많을 정도로 낙후된 곳이었다. 또한 연립 주택이 많아서 그곳에 세 들어 사는 사람들이 많았다. 이들과 건물을 가지고 있는 사람들의 이해관계는 충돌할 수밖에 없었다. 이들의 마음을 하나로 모으기 위해서 협의체를 구성하여 정기 회의도 하고 다양한 프로그램을 계획하여 마을의 변화를 가시적으로 보여 주기도 했다. 하지만 이해관계가 다른 이들의 마음을 하나로 모으기란 여간 힘든 일이 아니었다. 나는 점심 식사만큼은 마을 사람들이 직접 요리를 해서 함께하는 것이 좋겠다고 생각했다. 나는 항상 누구를 만나든지 어느 단체에서 일하든지 함께 식사하는 것을 매우 중요하게 여겼다. 사람과 긴밀한 관계를 형성하기 위해서이기도 하지만 신학에 기초한 것이기도 하다. 예수님이 십자가에서 죽기 전, 제자들과 함께 나누었던 최후의 만찬이 지상에서 우리가 간직해야 할 가장 소중한 생명의 향유이며 죽음의 세력과 싸울 힘을 제공한다고 믿기 때문이다. 사업비에 책정된 부식비를 아껴서 매일 한 가지라도 요리를 해서 함께 식사했다. 그날 프로그램에 참여한 사람들이 주로 준비를 했고 주변에 거주하고 있는 사람들을 불러서 식사를 함께했다. 다행히 거점 공간 주변의 마을 사람들은 음식을 요리해서 함께 식사하는 것을 매우 즐거워했다. 나는 이런 모습이 참 좋았고 시간이 갈수록 서로가 가까워지는 것을 느꼈다. 그곳은 마치 동네 사랑방이나 다름없었다.

하루는 퇴근하지 않고 늦게까지 사무실에 앉아 업무를 보았다. 어르신 한 분이 살며시 문을 열고 들어오시더니 저녁을 먹자고 하셔서 갑작스럽게 동네 사람들을 불러 모았고 대여섯의 어르신이 모였다. 금세 밥을 새로 하고 점심 때 먹고 남은 찌개를 데우고 남은 반찬을 펼치니 그런대로 한 상이 차려졌다. 나는 식사를 하는 동안 냉장고에 있던 막걸리를 꺼내 한 잔씩 따라 드렸다. 어느 정도 취기가 올라오셨는지 한 할머님이 이런저런 이야기를 꺼내셨다. 잠시 멈칫하다가 나에게 "목사선상님"이라고 부르고는 속주머니에서 쌈짓돈 꺼내듯이 조심스럽게 말을 건넸다. "내가 예전에는 교회에 진짜 열심히 다녔어요. 방언도 할 줄 알았어요. 지금은 개차반처럼 술도 좋아하고 그러지만 아침마다 자녀들을 위해 하나님께 기도해요." 이 말이 끝나기가 무섭게 옆에 있는 어르신이 그녀의 말을 되받았다. "그래? 최점례(가명) 씨가 교회에 다녔구만. 나도 예전에 교회에 다녔는데, 성경학교 출신이야." 바로 또 옆에 있던 어르신은 왕년에 벼슬이라도 지낸 것처럼 "내가 이래 봬도 권사였어. 지금은 교회 안 다녀서 아무것도 아니여"라고 말하자, 전혀 뜻밖에 부동산 중개소 어르신이 "난, 지금 생명 교회 다니는디"하고 불쑥 말을 꺼냈다. 그러자 모든 어르신은 불그스레 취기가 오른 얼굴로 서로를 바라보며 깔깔 웃기 시작했다. 그러던 중 자신의 이야기를 처음 고백했던 어르신이 나를 보더니 사뭇 진지한 표정으로 자신과 마을 사람들을 위해 기도를 많이 해 달라고 부탁하는 것이 아닌가! 그 순간 나는 이들이 나를 목자로 여기고 심적으로 기대고 싶어 한다는 것을 깨달았다. 그러자 단순한 활동가로서의 업무보다 더 무거운 책임감이 밀려왔다. 동시에 여기가 바로 생명이 창조되는 현장이라는 깨달음이 가슴 깊이 파고들었다. 경계가 허물어진 곳에 우리의 서사가 창조되고 있었던 것이다.

두 번째는 사회의 건강성을 회복하고 유지하는 것이다. 사회의 건강성은 생명의 관점에서 쉼과 안식이다. 안식은 하나님의 창조 질서가 평화롭게 운행되는 상태를 뜻한다. 우리가 살아가는 삶의 현장은 하루가 다르게 변화되고 있다. 나이가 들수록 그 변화에 발을 맞춰 가기가 쉽지 않다. 변화를 따라가기 위해 우리는 끝없는 노력과 자기 계발의 요구에 응한다. 그러고는 생명이 주는 진짜 행복을 오늘이 아닌 내일로 미루어 놓게 만든다. 건강이 망가지는 것은 누적된 피로가 쌓인 채로 계속 몸을 쓰기 때문이다. 적절한 쉼과 운동과 영양 보충이 필요하다. 현대는 그야말로 피로 사회다. 한 개인의 피로는 사회의 피로와 무질서까지 확대된다. 창조의 질서가 깨지고 생명의 흐름이 막히게 된다. 혈액 순환이 되지 않아서 당뇨와 심장 질환이 생기는 것처럼 사회는 부조리, 불공평, 빈부 격차, 계층 간 관계 단절, 자살 등의 각종 사회적 병리 현상에 시달린다. 사회는 마치 우리의 몸에 적절한 쉼, 식사, 운동이 필요하듯 생명 활동을 통해서 건강성을 지켜 가야 한다.

사회의 생명 활동은 죽음의 문화를 멈추게 만든다. 어떻게 하면 생명이 충만한 건강한 사회를 만들 수 있을까? 가장 먼저는 안식의 시간과 공간 안에서 충분히 쉼을 누리는 문화를 만들어야 한다. 안식은 우리의 영, 혼, 몸의 전인격을 하나님께 조율하여 삶의 리듬을 회복하는 일이며 내 존재가 하나님의 존재에 조율되는 것이다.[45] 예수님이 죽음의 세력을 물리치고 생명을 회복한 이후로 모든 시간과 공간이 거룩한 성소가 되었다. 하지만 아직까지는 우리가 구별해서 시간을 떼어 지키지 않으면 안 된다. 유대인 철학자 아브라함 헤셀Abraham Joshua Heschel은 창조의 날에 하나님이 지키셨던 안식일을 '시간 속의 거룩함'이라고 표현하며 공간 안에서 죽음의 문화에 찌들어 살았던 우리가 그 '시간의 거룩함과 조화'를 이룰 것을 권면한다. 우리는 노동은 멈추고 쉴 수 있는 날을 지켜야 한다. 특정 사람들만 아니라 모든 사람이 노동에서 잠시 물러나 쉴 수 있는 날을 충분히 제공하는 사회를 만들어야 한다. 쉼을 통해서 죽음의 영향에서 벗어나 자기 존재와 생명을 회복할 수 있는 문화를 만드는 일을 소명으로 삼아야 한다. 또한 노동의 가치를 인정하는 문화를 만들어야 한다.

태초의 인간이 에덴동산에서 했던 노동은 하나님을 위한 예배였다. 타락하여 에덴동산에서 쫓겨난 뒤에도 하나님은 노동을 경시하지 않았다. 노동을 통해서 복을 이어 가게 하셨다. 안식일은 노동의 존엄성을 신성하게 고양시킨다.[46] 그럼에도 노동은 고되고 힘들다. 죽음의 세력은 노동을 왜곡시켰다. 동일한 노동에 대해서 동일한 결과와 가치를 부여하지 않게 만든다. 어느 회사 회장의 연봉이 직원 평균의 연봉보다 84배가 높다는 기사를 본 적이 있다. 역할과 지위에 따라 지급되었다고 하더라도 이렇게 높을 근거는 빈약하다. 가사 노동에 대해서는 임금이 없다. 통계청에 따르면 2019년 가사 노동 서비스의 가치는 49.9조원으로 GDP의 25.5%에 달한다고 한다. 그런데도 임금이 없기에 이들의 수고는 평가절하된다. 건강한 사회를 이루기 위해서는 이들의 노동 가치를 충분히 인정해 주어야 한다. 또한 노동이 죽음의 문화를 형성하는 도구가 아니라 생명의 문화를 창조하는 거룩한 일이 되도록 힘써야 한다. 그동안 우리는 생계를 위해 닥치는 대로 일해 왔다. 이제 우리 사회의 노동은 조금씩 자본에 예속되어 자율이 억압된 상태를 벗어나 각자 자신의 존재에 알맞은 직업을 찾아가고 있다. 그러니까 자기가 좋아하는 일을 찾아 일하는 기쁨을 누리는 사람들이 많아졌다. 계속해서 이런 문화들을 형성해 가는 것이 필요하다. 그렇게 하기 위해서는 안식을 통해 자기 존재를 찾고 영원한 것을 추구하려는 노력이 필요하고 사회는 잘 쉬면서 개인에게 정말 중요한 것이 무엇인지 잘 찾을 수 있도록 문화와 환경을 만들어 주어야 한다.

세 번째는 인류가 공존할 수 있는 길을 모색하고 일상에서 할 수 있는 일을 실천하는 것이다. 우리가 살고 있는 자연은 하나님이 우리에게 생명을 누릴 공간뿐만 아니라 가꾸고 번창하도록 다스릴 임무를 부여받은 소명의 공간이다. '다스린다'는 표현 때문에 그동안 인간은 자연을 착취하고 이용해 왔다. 그로 인해 자연은 너무 많이 훼손되었고 그 영향으로 우리는 상당히 불편한 생활을 할 뿐만 아니라 생명의 위협까지 받는 상황에 이르렀다. 인구가 늘어나서 그럴 수 있다고 생각하겠지만 근본적 문제는 자연이 주는 자원을 마구잡이로 이용하고 그 혜택을 공정하게 나누지 못했기 때문이다. 모든 나라가 함께 머리를 맞대고 전 인류의 공존을 위해 심각하게 대책을 마련하지 않았다. 최근에 예기치 못한 자연재해로 인해 기후 위기의 심각성을 느끼고 여러 나라에서 대책을 마련하기 위해 활발한 움직임을 보이고 있지만 근본 해결은 쉽지 않아 보인다. 이미 산업 혁명 이후 선진국들은 전 세계에 식민지를 건설하고 수많은 자원을 수탈하다시피 하여 경제 발전을 이루어 왔다. 그리고 후발국들은 이제야 자원을 개발하여 가난에서 벗어나려고 애를 쓰고 있다. 이런 상황에서 천연 자원 개발과 이용에 대해 제안을 하거나 규제 법안을 만들어 제재하는 것은 경제 개발을 해야 하는 국가에서는 받아들이기 어려울 수 있다. 요즘 ESG Environmental(환경), Social(사회), Governance(지배구조)에 대한 대비가 활발하다. 기후 변화에 대한 위기 의식 때문에 비록 자의반 타의반일지라도 환경을 생각하는 이러한 기업 경영의 방향은 환영할 만하다. 진정으로 인류의 공존을 원한다면 선진국들은 자신의 부를 나눌 수 있어야 한다. 그리고 가난한 국가들이 자연을 개발하지 않도록 유도하기 위해서는 복잡한 국제법을 만들어 규제하기보다 먼저 최소한 그 조건으로 기술과 자원을 지원해 주고 생명 활동에 참여할 수 있도록 해야 한다.

　인류 공존의 길을 생각하고 우리가 개인적으로 할 수 있는 최소한의 일은 무엇일까? 먼저 환경 보존의 측면에서 생활 쓰레기를 줄이는 습관을 만들고 물품을 서로 나누는 일이다. 우리나라에는 다행히도 분리수거 문화가 잘 정착했고 일회용품을 쓰지 않기 위해 텀블러를 사용하는 사람들이 근래에 많이 늘어났다. 자원을 절약하기 위해 집안에 있는 물건 중 쓰지 않는 것들을 서로 교환하거나 무료 나눔을 하는 것도 좋은 방법이다. 요즘은 당근마켓과 같은 인터넷 소통 도구가 생겨나서 편리하게 중고 물품을 매매하거나 나눔을 할 수 있게 되었다. 내가 사는 아파트 단지는 주민들의 소통을 위한 밴드가 있어서 서로 나눔 활동을 활발하게 하고 있다.

　이러한 나눔은 조금 더 확대해서 내가 가지고 있는 부를 가난한 이웃에게 나누는 적극적 행동과 실천으로 이어져야 한다. 누군가에게 넘쳐 나는 자원이 부족해서 아픔을 겪고 있는 이들에게 흘러가는 길을 차단하지 않아야 한다. 일부러 차단하는 것도 문제이지만 쌓아 놓고 아무 일도 하지 않는 것도 문제다. 예수님은 소출이 풍성한 부자가 나눌 생각은 하지 않고 곡식 쌓아 둘 곳간을 더 크게 지으려는 부자에게 경고하신다. "어리석은 사람아, 오늘밤에 네 영혼을 네게서 도로 찾을 것이다. 그러면 네가 장만한 것들이 누구의 것이 되겠느냐"(눅 12:20). 그러면서 하나님에 대해 부요한 자가 되라고 우회적으로 가르친다. 기꺼이 자신의 부를 나누는 자들은 하나님의 곳간에 쌓아 두는 지혜롭고 부유한 자들이다. 우리는 하나님이 부여한 부를 하나님을 대신해서 가난한 이들에게 나누어야 할 소명이 있다. 부유함을 함께 나눌 때 생명은 더 크게 확산된다.

이 책을 쓰는 동안 SNS에서 김장하 선생의 다큐멘터리가 회자되었다. 우리 사회에서 부자가 사는 법이라는 것을 알려 주기라도 하듯이 그는 자신의 부를 수많은 사람에게 나누었다. 한의원을 운영하면서 평소에 모은 돈을 마치 밭에 씨를 뿌리듯 많은 학생의 장학금으로 기부하였고, 나중에는 명신고등학교를 설립하여 완전한 시설까지 갖춘 후에 국가에 헌납했다. 그가 운영하는 한의원 직원들에게는 타병원보다 두세 배나 많은 월급을 주었고 명신고등학교 교사들에게도 충분한 직원 복지를 제공하여 본업에 충실할 수 있도록 했다. 여러 사회 단체에도 기부를 많이 했는데, 그가 가장 애정을 두고 헌신한 단체가 '형평운동기념사업회'였다. 오랫동안 천대받았던 백정의 인권을 존중하고 평등하게 대우하자는 운동에서 시작하여 청년 운동, 농민 운동, 여성 운동에 이르기까지 확산되었다. 그는 무엇을 위해 이토록 아낌없이 자기 자산을 내어놓고 주변 사람들과 단체들을 도운 것일까? 그의 인생의 여정은 한마디로 요약하자면 자신이 이룬 부를 그대로 사회에 되돌려주려고 애쓰며 살아온 삶이었다고 할 수 있다. 돌려주되 형편이 어려운 이들에게도 공평하게 사회에 기여할 수 있는 기회와 환경을 마련해 주었다. "줬으면 그만이지!" 그의 마음을 알 수 있는 말 한마디가 주는 울림이 오래갔다. 이런 삶은 결코 작은 이야기가 아니다. 나비의 날갯짓이 태풍을 일으키듯 생명을 심고 나누는 작은 일들은 세상을 아름답게 만들고 동일한 인간으로서 서로 다른 사람들의 마음을 따뜻하게 만든다. 우리의 인생은 그 존재만으로도 충분히 생명을 가지고 있으며, 그 생명을 확산할 가능성 또한 지니고 있다. 나 자신만을 생각하는 삶에서 이웃과 세상을 향해 눈을 돌리고 자족하고 감사하는 마음으로 타인을 돕고자 한다면 내 안에 감춰진 생명의 꽃이 활짝 피게 될 것이다. 우리 모두가 마지막 숨을 거두는 순간까지, 지금껏 살아온 삶을 소중히 여기고 생명을 나누는 일을 포기하지 않기를 소망한다.

5장

아름다운 마무리

노부모가 자녀에게 남길 수 있는 가장 아름다운 유산은
죽음을 용감하고 우아하게 맞이하는 법을 삶으로 가르치는 것이다.

유진 비안키Eugene C. Bianchi

늙어 간다는 것

이제 나와 우리의 이야기는 인생의 마지막 종착역에서 해야 할 일들을 다루는 지점에 이르렀다. 세네카가 "우리는 그냥 사는 것 자체가 아니라 잘 살아야 좋은 것"이라고 말한 것처럼 우리는 잘 살아야 한다. 모든 삶의 여정에 의미가 있지만 마지막을 잘 살아내는 것은 매우 중요하다. 언젠가 우리는 인생의 종착역에 이를 것이다. 사람에 따라 그 시기가 다를 뿐 모두에게 예외는 없다. 종착역에 이르렀을 때 우리는 내릴 준비를 해야 한다.

늙어 간다는 것은 우리가 인생의 종착역에 가까이 왔다는 것을 점점 선명하게 인식하게 되는 것을 뜻한다. 노년의 시기에 우리는 신체의 노화로 인해 자신의 몸조차 어찌하지 못하거나 사회적 관계가 달라지고 있다는 것을 실감한다. 주변의 사랑하는 사람들이 하나둘 세상을 떠나거나 몸이 노쇠하여 사회적 활동이 위축되면 살아온 날들이 허무하게 느껴질 수 있다. 그래서 지나온 시간을 더욱 잘 해석하고 그것에 의미를 부여하는 것이 중요하다. 폴 스티븐스Paul Stevens는 모세의 서사(시 90편)에서 표현한 살아온 날을 "세는 것"(시 90:12)을 '시간의 성화'라고 표현한다.[47] 비록 우리의 신체는 노쇠해 가지만 그동안 우리의 삶이 주님과 사귀며 살아온 여정이었다면 그 세월만큼 우리는 시간을 얻었고 지혜를 쌓은 것이나 다름없다. 하루하루가 값지고 의미있는 세월이었다는 사실을 깨닫게 될 것이다. 주님과 사귀며 살아온 충만한 삶은 시편 92편에서 "그는 늙어도 여전히 결실하며 진액이 풍족하고 빛이 청청하니"라고 묘사하듯이 노인의 시기에 이르러서야 비로소 얻을 수 있는 숙성된 생명의 열매가 있다. 죽음의 현실을 접하면서도 주님의 사랑에 힘입어 인내하며 지혜롭게 대처하고 영원한 하나님의 집에서 누릴 안식을 소망하며 살아왔던 삶은 그 자체로 지혜와 생명의 열매다.

노년의 시기, 그러니까 늙어 감의 시간은 상당히 길어졌다. 과학과 의료 기술이 발전하고 생활 수준이 높아지면서 긴 시간을 노인으로 살아야 한다. 보통은 공식 기관(통계청, 노인복지법, 노인장기요양법)에서는 65세 이상을 노인으로 분류하고 일반적으로 초기 노인을 65-74세, 중기 노인을 75-85세, 후기 노인을 85세 이상으로 구분하고 있다. 초기 노인은 아직 건강한 상태이기 때문에 자신들이 노인의 분류에 들어가는 것을 꺼리기도 한다. 어느 연구 결과에 따르면 65세 이상 노인들이 생각하는 주관적인 나이는 71세라고 한다. 이 시기의 노인들은 아직 스스로를 젊다고 생각하고 얼마든지 기회가 주어지면 계속 일하고 싶어 한다. 내가 노인복지관에서 65세 이상이면 가능한 노인 일자리를 담당하고 있을 때 200여 명의 노인의 평균 연령이 75세가 약간 넘었다. 초기 노인들은 정부가 제공하는 그런 노인 일자리보다는 급여가 많은 일반적 일을 선호했고, 일반 일자리 얻기가 마땅하지 않을 경우에 노인 일자리에 참여했다. 내가 맡은 노인 일자리 참여자 중 최고령자가 92세였는데, 많은 나이에도 불구하고 여전히 걷는 것과 듣고 말하는 것에 불편함 없이 보람을 가지고 맡은 일을 잘 해내셨다. 노년에 일을 한다는 것은 생계의 필요도 있지만, 그보다도 사회의 일원으로서 기여할 수 있고 아직 자신을 필요로 하는 곳이 있다는 사실에 자존감을 갖게 되는 것 같다. 얼마 되지 않는 급여로 손주 용돈을 주거나 소액의 적금 통장을 만들어 주기도 하고 친구들을 만나거나 모임에 참여할 때 음식을 준비해 가기도 했다. 비록 소액이기는 하지만 일정한 급여는 노인들의 사회 활동과 최소한의 자존감을 유지해 주는 아주 큰 역할을 하고 있었다. 일을 하고자 하는 노인들에게 일을 할 수 있는 기회를 제공한다면 의료나 보건 복지 영역의 사회적 비용을 상당히 줄일 수도 있을 것이다.

노년 시기에는 공공 일자리가 아니더라도 개인의 소명에 따라 하고 싶은 일을 찾아 시도할 필요가 있다. 어린 시절 간직했던 꿈과 소원을 꺼내어 실천해 보는 것이다. 처음 웹툰으로 만들어졌던 「나빌레라」드라마에서는 70세 노인이 죽은 친구의 장례식장에 다녀온 뒤로 발레를 배우기 시작한다. 가족들이 극구 만류함에도 불구하고 노인은 예전부터 하고 싶었던 일을 포기하지 않는다. 그는 치매가 있다는 것을 알면서도 연습을 멈추지 않았고 치료를 받으며 마침내 콩쿠르까지 참여한다. 이것이 그 노인에게는 자기 자신을 되찾고 살아갈 이유를 지탱해 주는 힘이 되었다. 내가 정말 해 보고 싶었던 것이 무엇이었을까? 그동안 묻어 두었던 꿈을 찾아내 시도해 볼 수 있는 기회가 노인의 시기다.

중기 노인은 사회 활동과 돌봄이 동시에 필요한 시기다. 여전히 사회 활동을 할 수 있다고 스스로 믿고 있고, 더러는 다양하게 활동하고 있기는 하지만 동시에 의료와 생활 돌봄이 필요하다는 것을 현실로 느끼는 시기다. 이 시기에 왔을 때는 될 수 있으면 왕성한 활동보다는 마음과 영혼을 가꾸는 일에 관심을 가지는 것이 중요하다. 그리고 돌봄에 대해 발행할 수 있는 여러 상황을 고려하며 준비하는 것이 필요하다. 자기 스스로 생활할 수 없는 시기가 오면 타인의 돌봄을 어떻게 받아들일 것인지 생각해 보아야 한다. 중요한 것은 타인의 돌봄을 받아들이려는 능동적 마음이다. 돌봄을 받는다고 해서 자기 존재가 상실되는 것은 아니다. 오히려 능동적으로 대처하게 되면 가족과 돌보는 이들과의 사회적 관계도 훨씬 원만해질 것이다.

후기 노인은 대부분 돌봄과 간호가 필요하며 죽음을 맞이하는 시기다. 노년의 시기에는 자신이 처한 상황을 이해하고 현실을 잘 받아들이는 것이 중요하다. 무엇보다도 노년의 시기는 죽음을 가까이 직면하고 있기 때문에 미리 죽음을 준비해야 한다. 죽음이라는 인생의 종착역에 다가가고 있다는 현실을 더 깊이 인식하고 인생의 마무리 작업을 해야 한다. 그렇지 않으면 불현듯 찾아온 죽음 앞에 당하고 만다. 세네카는 심한 질병을 앓고 있었다. 그가 발작을 할 때마다 의사들은 '메디타티오 모티스meditatio mortis, 죽음을 위한 연습'라는 별칭을 붙여 주었다. 그는 그 별칭대로 죽음을 의연하게 직면했고 다가오는 죽음을 마주하는 훈련을 통해 정신을 단련했다.[48] 죽음에 당하지 않고 오히려 죽음을 맞이하기 위해서는 인지 능력과 의식이 분명하고 정신적으로 사리 분별을 할 수 있을 때 떠날 채비를 하는 것이 좋다. 종착역에 다가갈수록 의외로 준비해야 할 것이 많기 때문이다.

우리는 늙어 감에 따라 두 가지 측면에서 상황의 변화를 인식하고 받아들여야 한다. 하나는 노쇠와 질병과 관련하여 육신의 변화를 받아들이고 고려하는 것이다. 노인들은 신체적으로 노쇠를 아주 밀접하게 경험한다. 우리가 아무리 건강하더라도 우리의 인생은 100세가 안 되어 끝이 난다. 100세를 산다고 해도 어떻게 살아가는가? '9988234!' 99세까지 팔팔하게 살다가 2, 3일 병원에 입원하고 편안히 죽는다는 뜻이다. 모든 사람이 이렇게 생을 마무리하고 싶을 것이다. 유교 경전 사서삼경 중 하나인 『서경』에서는 사람들이 희망하는 다섯 가지 복에 관한 이야기가 나온다. 오래 사는 것壽, 수, 부유하게 사는 것富, 부, 건강하게 사는 것康寧, 강녕, 덕을 좋아하는 것攸好德, 유호덕, 수명을 다해 편안하게 죽는 것考終命, 고종명이 복이라고 가르친다. 이렇게 복을 누리다가 편안히 눈을 감으면 얼마나 좋겠는가!

그러나 우리의 현실은 그렇지 않다는 것을 금세 실감할 것이다. 우리는 '83.5-66.3=17.2'의 기간을 보낸다. 평균 수명 약 84세, 건강 나이 평균 약 67세, 이 차이를 빼면 약 17년이다. 17년 동안 우리는 온갖 질병과 함께 골골하며 살다가 죽는다. 만성 질환(심장병, 뇌졸중, 관절염, 만성호흡기병, 암, 비만, 치매, 당뇨 등)으로 사망하는 숫자가 계속 늘고 있고 그중 암이 1위, 심장 질환이 2위, 뇌혈관 질환 3위다. 사고나 큰 질병 없이 자연스럽게 죽는다고 하더라도 노쇠한 몸은 신체 기능을 급격하게 떨어뜨린다. 젊었을 때 사고로 인한 경우도 있지만 대부분 노년 시기에 뇌에 문제가 있어서 식물 인간이 되는 경우가 종종 발생한다. 이런 경우 치료도 중요하지만 돌봄 문제로 가족 간에 매우 곤란한 상황을 초래한다. 의료 보조 기구를 끼고 아무 활동도 하지 못하고 누워만 있는 경우는 가족의 생활에 많은 영향을 미친다. 연명 의료를 할 것인지 말 것인지 결정을 해야 할 때 곤란해진다. 부모가 그런 상태면 자식들은 어떻게 해야 할지 참 난감하다.

많은 의료 비용과 돌봄으로 인해 가족은 경제적으로나 정신적으로 어려움을 겪을 수 있다. 그나마 요양원에 올 수 있는 경우는 다행이라고 말하기가 조심스럽다. 부모가 요양원에 입소하는 경우 대부분 비용은 국가로부터 장기 요양 급여를 받지만 자기 부담금도 만만치 않다. 내가 근무했던 요양원의 한 보호자는 본인의 한 달 급여가 2백만원밖에 되지 않아 생계를 유지하기도 빠듯

한데 60만 원을 어머니 요양비로 지출해야 했다. 요양 병원에서 치료를 받을 경우는 간병비까지 부담해야 한다. 자식들 처지에서 참 버겁고 힘든 현실이다. 경제적으로 여유가 있어서 자신의 요양 비용을 감당할 수 있다면 좋을 텐데 현실은 그렇지 못한 경우가 많다. 우리나라의 노인 빈곤율은 상당히 높다.[49] 본의 아니게 자식들에게 돌봄 비용까지 부담을 주는 경우가 발생하게 되는데, 이러한 우리 사회의 현실이 안타깝지만 늙어 감에 따라 감당해야 할 피할 수 없는 우리의 몫이다.[50]

노인 시기에 다양한 질병을 앓는 것도 두렵지만 많은 이가 치매를 겪는 것을 가장 꺼리는 것 같다. 우리나라 치매 환자가 거의 백만 명에 육박했다고 한다. 중앙치매센터에서 발표한 자료에 의하면 2021년 기준 전국 추정 65세 이상 노인 인구 총 857만 7,830명 중 치매 환자는 약 88만 명이며 치매 유병률은 10.33%에 달했다. 노인 10명 중 1명은 치매에 걸린다. 연령별로 보면 나이가 많아질수록 증가하는데 80세 이상이 63%였다. 관리 비용만 거의 19조에 이르는 엄청난 예산이 든다. 노인 시기에 접어들어서 나이가 많을수록 치매에 걸릴 확률이 높다. 치매가 두려운 것은 점점 가족들과 정상적으로 대화하기조차 어렵고 무엇보다 자기 존재에 대한 인식을 상실하거나 자기 삶을 성찰하는 것이 불가능하기 때문이다.

나의 어머니도 치매로 고생하시다가 몇 년 전 여름 요양원에서 돌아가셨다. 치매 초기에는 우리를 잘 알아보시더니 돌아가시기 전 몇 년은 일시적으로 정신이 돌아올 때만 우리를 알아보셨고 이미 정신마저도 기력이 쇠하여 별 반응을 보이지 않으셨다. 신앙이 깊으셨던 어머니는 평소에 일하거나 주무시는 것을 빼고는 늘 찬송을 부르고 기도하시거나 성경을 읽는 것이 일상이셨다. 명절 때면 온 식구가 모여서 예배를 드리는 것을 매우 기뻐하셨고 전화를 드리면 항상 성경 이야기로 우리를 격려하셨다. 그런데 치매가 깊어지자 그런 신앙의 모습을 거의 볼 수 없었다. 점점 몸이 약해지시고 파킨슨병으로 인지 능력마저 떨어지자 신앙으로 인한 기쁨이 사라진 듯 보였다. 팬데믹 기간에 요양원에 계시느라 심각한 상황을 몰랐던 어머니는 면회를 오지 않는 자녀들이 무척 괘씸하셨는지 뵐 때마다 어머니의 표정은 굳어 있었고 좋아하는 찬양을 불러 드리면 입을 다물고 계셨다. 심지어는 죽는 것이 두려운 듯이 가끔 공포에 질린 듯한 표정을 할 때도 있었다. 목사인 나에게는 이런 어머니의 행동이 가장 안타까웠고 이 시기의 어머니의 신앙을 어떻게 받아들여야 하는지 풀리지 않는 숙제처럼 혼란스러웠다. 중증 치매 환자들에게 신앙은 어떤 의미일까? 인지 능력이 낮은 이들에게 믿음에 대한 인식은 어떻게 작용할까? 나 또한 언젠가 이런 시기가 닥쳐 온다면 이와 다를 바 없지 않을까 생각했다.

그래도 희망이 있는 것은 하나님의 은혜가 우리의 몸과 영혼을 붙잡고 있을 것이라는 믿음 때문이다. 아마도 그 순간만큼은 나의 몸과 영혼이 완전히 하나님께 맡겨져서 그분의 은혜로 하루하루를 버텨 낼 수 있으리라 믿는다. 그동안 하나님을 의지하며 살아왔던 의식의 기억으로, 기도와 찬양과 말씀 묵상으로 축적했던 몸의 신앙으로 견뎌 내지 않을까. 그 기간은 마치 엄마 뱃속에 있던 아이가 세상 밖으로 나올 즈음 겪게 되는 고통의 시간일 것이다. 동시에 출산하는 동안 엄마의 진통도 함께하듯이 십자가에 달리신 하나님의 고통이 우리와 연합하여 죽음을 이겨 낼 수 있도록 도울 것이다. 다행히 어머니는 임종 순간에 편안하게 숨을 거두셨기에 하나님의 품에 안기셨다는 것을 확신하게 되었다. 그리고 어머니의 죽음을 경험하면서 우리의 의식이 선명할 때 하나님에 대한 믿음과 영원한 생명, 그리고 부활에 대한 확신의 고백을 미리 잘 정리하는 것의 필요성을 느끼게 되었다.

우리가 늙어 감에 따라 인식해야 할 또 다른 하나는 내면의 변화다. 우리는 나이가 들수록 내면에도 많은 변화가 일어나고 있다는 것을 받아들이고 그 힘을 길러야 한다. 우리가 늙어 감에 따라 우리의 마음과 정신도 약해지기 쉽다. 우리는 나이가 들어 실제로 육신의 죽음이 다가왔다는 것을 느낄 때 두렵고 당황스럽다. 더욱이 더 이상 통제되지 않는 허약한 신체와 정신으로 인해 혼자의 힘으로는 버틸 수 없는 순간이 찾아올 경우 더 그렇다. 그럴 때 하나님을 의지해 온 신앙도, 영원한 집에 대한 소망도 혼미해진다.

폴 스티븐스는 "노년은 그 자체로 위험 요소를 지니고 있다"고 경고하며 기독교 교회의 오랜 전통에서 경계해 온 일곱 가지 악덕인 교만, 시기, 분노, 태만, 탐욕, 탐식, 음욕을 소개한다. 엘리자베스 퀴블러 로스Elisabeth Kübler-Ross 여사가 임상을 통해 발견한 말기 암환자들의 반응의 과정을 적용해 본다면,[51] 이러한 악덕은 죽음을 수용하지 못한 데서 오는 것이라 할 수 있다. 죽음을 인식하는 것을 타인의 사건으로 치부해 버린다면 이러한 악덕은 나이가 들수록 더욱 깊어질 수 있다. 죽는다는 것을 유한한 인간으로서 나의 실존으로 받아들여야 내가 속한 사회와 이웃에게 선을 베풀려는 마음이 생겨난다.

안타깝게도 많은 사람이 노년에 접어들거나 죽음이 가까울수록 생각이 좁아지고 마음이 완고해지는 경우를 보게 된다. 그동안 삶의 여정이 너무 힘들고 어려워서 자신을 살펴볼 겨를이 없었던 노인들이 많다. 일제강점기를 거쳐 전쟁을 겪고 가난한 시절을 살아왔던 세대들에게 자신 자신을 돌아보거나 그런 인성교육을 받을 수 있는 기회를 얻는다는 것은 거의 불가능했다. 하루하루 생존을 위해 살아가야만 했던 이들은 자신의 전인격이 균형 있게 성장하고 성숙한 대인 관계를 형성하며 공동체의 발전을 위해 어떻게 해야 하는지를 알지 못한 채 살아왔다. 인생이 파란만장할수록 자기 경험을 통해 얻은 지식을 절대적 진리처럼 여기거나, 살면서 겪었던 고통과 마음의 상처가 더욱 굳어져 사회적 관계가 원활하지 않은 노인들이 많다. 이는 자기 것을 더 이상 빼앗기지 않고 지켜야 생존할 수 있었던 굴곡진 삶의 결과일 수도 있다. 불과 몇 십 년 전만 해도 노인들이 많지 않았기 때문에 크게 사회 문제가 되지 않았지만, 노인 인구가 많아진 지금은 노인 스스로 고립될 수 있고 세대 간 갈등 문제로까지 확산할 여지가 많다. 우리의 인생이 끝나 갈 때 마음이 평안한 상태나 신체적으로 건강한 상태에서 종착역에 내리는 경우는 매우 드문 일이다. 대부분 병원이나 요양원이 종착역이 될 가능성이 매우 크다. 우리가 늙어 가면서 겪어야 할 현실적 문제다.

늙어 감은 오히려 우리가 죽음을 받아들이고 잘 준비해야 한다는 생각을 각성시킨다. 늙고 있다는 것을 실감할 때 유한한 존재로서 한계를 깨닫기 때문이다. 나이가 들어 노쇠한 몸은 질병과 더불어 더욱 죽음의 고통을 겪게 한다. 그럴수록 우리는 죽음을 거부할 것이 아니라 자연스러운 일로 받아들이고 죽음의 고통을 경험했던 생명의 주님께 삶을 의탁해야 한다. 노년의 시기는 마지막까지 죽음에 억압당하지 않고 생명의 은혜로 살아갈 용기와 믿음이 필요한 시기다. 그것들을 얻기 위해서는 자신의 내면을 돌아보고 스스로를 지지할 수 있는 시간을 가져야 한다. 혼자의 노력보다는 공동체 안에서 이루어지는 활동과 프로그램에 참여하는 것이 좋다. 교회 공동체가 좋은 것은 단지 서비스를 제공받는 것보다 소속감이 형성되어 있기 때문이다. 내가 속해 있고 나를 지지해 주는 생명 공동체 안에서 자신을 성찰할 수 있다면 죽음의 현실을 받아들이고 믿음과 용기를 가질 수 있을 것이다. 우리는 늙어 갈수록 더욱 생명의 공동체인 교회 안에 속해야 하고 교회는 더욱 생명 공동체로서의 소명에 충실해야 한다.

늘어 감은 죽음 이후의 삶을 준비해야 함을 깨닫게 하는 것과 동시에 다음 세대에 대한 시대적 책임감을 느끼게 한다. 어떻게 살아왔는지에 대한 평가도 중요하지만, 지금 이들을 위해 무엇을 할 수 있을지 고민하고 실천하는 것이 더 중요하다. 다음 세대들이 보기에 고집스럽고 완고하며 탐욕스러운 노인의 모습을 물려줄 수는 없지 않은가! 실패이든 성공이든 노인이 살아온 무수한 인생 여정의 경험들은 아프리카 속담처럼 도서관 하나와 같다. 지혜의 서사로 남겨질 때 도서관 하나가 불에 타 없어지는 것이 아니라, 고스란히 다음 세대들에게 삶의 나침판이 될 수 있을 것이다. 비록 죽음을 향해 가지만 아직 남아 있는 동안 이어질 세대의 문화와 삶을 이해하고 공감하면서 인생 서사를 남긴다면 우리는 살아 있는 도서관이 될 것이다.

다행히 우리 사회는 경제 발전을 토대로 교육열과 함께 교육 환경이 매우 좋아서 다음 세대들이 잘 배우며 성장해 오고 있다. 노년층에서 해야 할 중요한 과제들을 젊은 세대들이 이미 잘 수행하며 살아가고 있다. 주변을 살펴보면 인생의 실패와 좌절을 겪으면서도 그러한 고난을 삶의 일부로 받아들이고 통합하여 자신의 것으로 발전시키려고 노력하는 젊은이들의 이야기가 많다. 이러한 열매는 지금 우리나라의 젊은이들이 전 세계에 영향을 미치는 한국 문화의 흐름이라고 생각한다. 한 예로 세계적 명성을 얻고 있는 BTS의 음악이 이러한 내용을 담고 있다. 그들은 음악을 통해서 자신의 이야기를 만들어 가고 있다. 「Lost」라는 노래의 가사다.

> 길을 잃는단 건
> 그 길을 찾는 방법
> Lost my way
> 쉴 새 없이 몰아치는 거친 비바람 속에
> Lost my way
> 출구라곤 없는 복잡한 세상 속에
> Lost my way
> Lost my way
> 수없이 헤매도 난 나의 길을 믿어볼래
> Lost my way
> Found my way

역경 속에서 비록 헤매기는 하겠지만 결국 자신을 믿고 자신의
길을 찾아가겠다는 의미로 읽힌다. 또 다른 노래 「Love myself」
라는 노랫말에서는 자신을 사랑하라고 노래한다.

> You've shown me I have reasons
> I should love myself
> 내 숨 내 걸어온 길 전부로 답해
> 어제의 나 오늘의 나 내일의 나

I'm learning how to love myself
빠짐없이 남김없이 모두 다 나

나를 사랑해야 할 이유는 지금까지 살아온 삶과 오늘과 내일
의 삶까지 충실하게 살아온 모든 내 삶이 있기 때문이라고 말하
는 듯하다. 차민주는 『BTS를 철학하다』에서 한나 아렌트Hannah
Arendt가 "세상의 틀에 기대지 말고 전통의 후광에서 벗어나 스스
로의 전권을 가지고 세상에 출석해 현재를 실현하라"는 말을 인
용하며 BTS는 메시지대로 세상에 출첵(출석체크)하고 실현했다
고 말한다. 그런 의미에서 그들은 살아 있는 철학자(생철)라고까
지 언급한다. 이들의 노래를 듣고 살아가게 될 많은 젊은이가 나
이가 들어 노인이 되었을 때의 우리 사회는 어떻게 더 성숙해 있
을지 기대가 된다.

우리는 늙어 가면서 이런저런 현실적 문제로 고통을 겪을 것
이다. 어떠한 태도와 준비로 늙어 감을 수용하거나 거부할 것인
지에 따라 우리 인생의 끝자락은 아름다움과 추함, 그 어느 것으
로 드러날 것이다. 우리는 인간의 한계를 받아들이고 끝까지 초
월적이고 온전한 자아 형성을 하기 위해 살아가야 한다. 그럴 때
비로소 성숙한 인격으로 죽음을 맞이하며 다음 세대들에게 생명
의 이야기를 전하는 지혜자로 남게 될 것이다.

아름다운 결산

지금까지의 이야기를 근거로 인생 여정의 마무리는 네 가지에
초점을 맞추어 준비하는 것이 좋다. 하나는 무엇을 남길 것인가,
하는 질문이다. 그동안 모아 둔 재물이 있다면 누구에게 어떤 방
식으로 물려줄 것인가를 고려해야 한다. 하지만 이보다 더 중요
한 것은 나의 인생 서사다. 하나님과 동행하며 겪어 왔던 신앙 여
정의 이야기를 남기는 것은 의미와 가치가 있는 일이다. 다른 하
나는 화해하는 것이다. 깨어진 관계는 가족이나 이웃뿐만 아니
라 나 자신까지 포함되어 있다. 그리스도 안에서 충만한 생명을
누리고 있는 현재의 내가 과거의 수치스럽고 실망스러운 나 자
신까지 용납하고 용서하며 화해하는 것은 가족과 이웃을 용서하
는 기반이 된다. 또 다른 하나는 어떻게 마지막 순간까지 나의 존
엄을 지킬 것인가, 하는 물음이다. 몸이 아프게 되면 나를 돌보는
문제가 불거진다. 또한 죽음에 가까이 이르렀을 때 내가 할 수 있
거나 결정할 수 있는 것은 거의 없다. 이런 상황에서도 나의 존엄

을 지키기 위해서는 미리 준비를 해야 한다. 그 준비는 사전 장례식도 포함된다. 마지막으로 나의 장례를 내가 미리 설계하는 것이다.

나의 유산과 서사 남기기

우리가 인생을 살아온 만큼 쌓아 온 것들도 있다. 유형의 자산일수 있고 무형의 자산일 수 있다. 이것들을 잘 정리해서 어떻게 물려줄 것인지 명료하게 기록하는 것이 중요하다. 나는 무엇을 물려줄 것인가? 자산이 있다면 자녀들에게 물려 줄 것인가? 아니면 사회에 기부할 것인가? 가지고 있는 재산을 처리하는 문제도늦기 전에 해야 한다. 유산은 가족이 살아갈 경제적 기반이 되기도 하지만 오히려 가족 간 갈등을 일으킬 수 있는 매우 심각한걸림돌이 되기도 한다. 남은 재산을 가족에게 분배하거나 사회에헌납할 때도 충분히 가족과 상의해서 동의를 얻는 것이 중요하다. 남겨 줄 재산이 없다고 지나칠 것이 아니다. 심지어는 장례식이 끝나고 부의금을 나누는 과정에서도 자녀들끼리 다투다가 법정까지 가는 경우도 많다.

자녀들에게 재산을 물려주는 문제는 생각보다 복잡하다. 요즘은 자녀가 없거나 한 명 정도인 가정이 많아서 분배하는 것이 별어려움이 없겠지만, 자녀들이 많은 경우는 다르다. 물려줄 재산이 있든지 없든지, 평소에 자녀들에게 재물에 대한 가치관을 말해 주거나 어떻게 나눌 것인지 자세하게 이야기할 필요가 있다. 나의 아버지는 기력이 쇠하기 전에 아버지의 방식대로 5남매에게 조금씩 남아 있는 재산을 분배했다. 막내인 나에게는 미국에서 오자마자 전셋집을 구할 때 은행 대출 외에 모자란 돈을 보태주었고, 작은 누나는 매형이 신장 수술을 받을 때 병원비를 내주었고, 큰 누나는 대출 보증으로 논과 밭을 주었으며, 작은형은 이전 대출금으로 대신했고, 큰형은 시골집을 주었다. 아버지가 돌아가시고 난 후에야 아버지의 셈법을 깨달았고 우리 남매들은 아무런 불만이 없었다. 작은 재산이더라도 가족들과 충분히 이야기를 나누는 것이 좋다.

되도록 모든 재산을 가족에게 물려주는 것보다는 일정 금액을 사회에 환원하는 것이 바람직하다. 나에게 도움을 주었던 이웃들과 내가 속한 공동체를 위해서 기부하거나 무엇보다 생명의 문화를 창조하기 위해 애쓰는 이들에게 흘러간다면 큰 힘이 될 것이다. 이런 경우에도 어떻게 할 것인지 지혜롭게 결정해야 한다. 아무리 자신의 자산일지라도 가족의 합의를 얻어 내는 것이 가족 간의 불화를 예방할 수 있는 방법이다. 기부하는 과정에서도 유언장에 명확하게 필요한 내용을 기입하지 않으면 무효가 될 수 있다.[52] 또한 기부 의사가 분명하더라도 가족들이 유류분 청구를 할 수 있어서 다툼의 소지가 있다. 유류분은 유족들이 상속받을 수 있는 정당한 자기 몫이다. 유산을 적게 받거나 못 받게 되었을 때 유류분 청구 소송을 할 수 있다. 그러므로 유산을 기부할 때는 가족과 충분히 미리 상의하는 것이 좋다.

우리 사회는 아직까지 기부 문화가 발달하지 않은 데다가 기부할 곳도 제한적이다. 기독교인들은 대부분 교회에 헌금을 하는 것으로 공적 나눔을 실천하고 있지만 교회 밖 이웃들이 더 많은 혜택을 누리도록 기부할 필요가 있다. 매스컴을 보면, 대학에 기부하는 사례가 많고 그것도 재정적으로 여유가 있는 특정 대학에 몰려 있다. 그런 면에서 기부할 대상을 발굴할 필요가 있다. 진실한 공동체 안에서 서로 환대하고 울타리 너머에 있는 이웃과 연대하는 삶을 살다 보면 주변에 도움이 필요한 이들이 많다는 사실을 발견할 수 있다. 지방에서 올라온 대학생들에게 거주 공간을 마련해 준다든지, 가능성 있는 청년들의 창업 자금을 지원하거나 실업자들의 교육비를 지원하는 것도 좋다. 노년층을 대상으로 하는 인문학 교실을 열거나 주거가 불안한 노년층의 생활 환경을 개선하는 일에 기부할 수도 있을 것이다. 물론 이런 사업들을 지자체에서 하지 않는 것은 아니지만 기부를 통해서 시민들이 직접 만들어 가는 것과는 질적으로 상당한 차이가 있다. 내가 마을 활동가로 활발하게 이곳저곳을 다니며 사람들과 만날 때 공무원들의 손이 닿지 않는 곳에 우리가 해야 할 일들이 많다는 것을 알게 되었다. 지속성 있는 사역의 열매를 얻기 위해서는 돈이 필요했다. 선교사를 후원하듯이 누군가가 나에게 최소한의 생활비를 후원해 주었다면, 행복한 마을 공동체를 만들기 위해

지속적으로 창의적이고 유익한 일을 계획하고 실천했을 것이다. 아쉽게도 생업을 위해 마을 일에서 멀어질 수밖에 없었다.

물려줄 유형의 재산이 없더라도 우리는 더 가치 있는 것을 물려줄 수 있다. 죽음을 준비하는 삶의 모습을 보여 주고 그 방법을 기록해서 물려줄 수 있다면 이 또한 좋은 유산이 될 것이다. 인생 종착역의 막바지에 왔을 때 우리는 보다 심각한 문제를 만나게 된다. 심각한 질병을 앓게 되었을 경우 자신에 대한 의료나 돌봄의 방법을 사전에 자녀들에게 알려 주고 기록하는 것도 중요하다. 뇌사 또는 식물인간 상태에 빠졌을 때 가족의 재정 및 정신적 부담은 엄청나다. 사전에 가족과 상의하여 준비해 둔다면 어려움이 닥쳤을 때 지혜롭게 대처할 수 있을 것이다. 자녀들은 부모가 의연하게 죽음을 대처하는 모습을 보고 삶의 지혜를 얻을 수 있을 것이다. 마지막 순간까지 시간을 셈(시 90:12)하며 아름다운 결말을 짓는 부모의 지혜가 자녀들의 삶을 충만하게 할 것이다.

또한 우리가 살아온 삶의 이야기를 성찰하여 기록한 인생 서사는 어느 것보다 유산으로서 의미가 있다. 한 개인이 살아온 삶의 기억은 그가 어떤 삶을 살았든지 한 공동체 역사의 한 조각이 된다. 자기 자신과 가족 그리고 사회를 위해서라도 나의 이야기를 기록으로 남겨 놓아야 한다. 『엄마의 일기가 하늘에 닿으면』이라는 책이 있는데, 출판되기 전 그 엄마가 직접 손으로 쓰신 일기장을 볼 기회가 있었다. 글자마다 자신의 존재와 삶이 그대로 스며 있는 듯했다. 그 일기장은 작가인 아들에게 그 어느 것으로도 비교할 수 없는 값진 유산이다. 인생 여정의 서사 작업은 쉬운 일이 아니다. 젊었을 때부터 일기를 쓰거나 자신을 성찰하는 기록을 해 왔다면 서사 작업이 그리 힘들지 않을 수 있다. 교회가 서사 작업을 할 수 있도록 모임을 열고 도움을 주면 좋겠다. 교회에서 하는 서사 작업은 일반 복지관이나 단체에서 하는 '인생 노트' 프로그램과는 많이 다르다. 우리의 인생이 하나님과 사귐 속에서 이루어지는 여정이며 결국 그 이야기 속에 하나님의 섭리를 깨닫도록 인도하기 때문이다. 우리의 서사는 하나님 나라의 거대 서사 속에 들어맞는 큰 그림의 작은 퍼즐 조각으로 존재한다. 이러한 놀라운 신비를 깨닫게 하는 것이 교회에서 하는 인생 서사 프로그램의 목적이다. 노인들이 이야기를 작성할 때 도움을 주는 이들이 필요하다. 프로그램을 진행할 때 자녀들이 도우미로 참여한다면 부모들의 진솔한 이야기를 듣고 기록하면서 부모의 삶을 이해하고 부모와 화해하며 부모로부터 삶의 의미와 지혜를 얻는 계기가 된다. 이런 프로그램이 잘 이루어진다면, 교회 공동체 안에서 전 세대의 신앙이 다음 세대로 전수되고, 지혜로운 노인의 지혜를 얻는 복을 누리게 될 것이다. 노인 세대들이 물려줄 수 있는 가장 큰 자산은 인생 서사가 담긴 노년의 지혜다. 성숙한 노인이 많을수록 그 사회는 건강하다. 노인이 살아온 삶의 길이 지혜가 되고 그 길을 뒤따르는 다음 세대들이 그 지혜로부터 생명을 얻고 누린다면 더할 나위 없이 건강한 공동체가 될 것이다. 그래서 더욱 적극적으로 노년의 지혜를 담을 수 있는 인생 서사

교육이 필요한 것이다. 우리는 기력이 있는 한 죽는 순간까지 자신의 서사를 써서 자녀들에게 유산으로 물려주어야 한다.

화해하기

아름다운 인생 여정의 마무리를 위해 노년의 시기에 해야 할 중요한 일은 화해다. 이는 나 자신과의 관계에서 시작된다. 자신의 생애를 돌아보며 성찰하는 일은 과거의 나와 직면하는 것이며 나와 화해하고 나를 용서한다는 것을 뜻한다. 나와 화해하고 나를 용서하는 일은 노년의 시기에 자아를 완성하는 과정에서 반드시 거쳐야 할 중요한 과제다. 자신과의 화해가 타인과 공동체와의 깨어진 관계를 회복할 수 있는 중요한 열쇠이기 때문이다.

나는 목회자로서 교인들을 훈련할 때 영적 성장에 관련한 네 가지 관계를 중요하게 다룬다. 하나님과의 관계, 자신과의 관계, 공동체와의 관계, 세상과의 관계가 올바로 정립되고 균형 있게 성장해야 우리 자신의 전인격이 조화롭게 성숙할 수 있다. 그래서 네 가지 관계와 관련한 성경의 가르침을 배우고 어떻게 살아야 할지를 나누며 실천한다. 보통 교인들은 하나님과의 관계가 중요하다고 생각하고 이 영역에 관한 활동과 훈련을 열심히 하고 있어서 별 문제가 없어 보였다. 하지만 이외의 세 가지 영역에서는 그 관계가 올바로 정립되지 않고 상당히 취약한 것을 발견했다. 가장 걸림돌이 되는 것이 자신과의 관계였다. 성경은 예수님을 믿고 회개하여 거듭난 교인을 새로운 피조물이라고 말하며 '새 사람'(엡 4:24; 골 3:10)으로, 그 이전의 나를 '옛 사람'(롬 6:6; 엡 4:22; 골 3:9)으로 표현한다. 같은 존재이지만 완전히 다른 정체성과 삶의 방식을 지닌 사람으로 거듭났다고 가르친다.

착각하기 쉬운 것은 믿는다고 해서 실존으로서 과거의 나와 현재의 내가 완전히 새롭게 거듭나지 않는다는 것이다. 새 사람이 되었다고 해서 과거의 나와 완벽히 단절된 다른 존재가 되는 것이 아니라는 의미다. 돈 세탁하듯이 우리의 부정적 과거가 없어져서 나의 기질, 습관, 사고방식, 태도가 완전히 새롭게 변화되지는 않는다. 과거의 삶은 지금도 그대로 존재한다. 사라지는 것이 아니라 예수님을 받아들임으로써 다르게 해석되는 것이다. 나와 화해하는 것은 과거의 나를 다르게 이해하고 받아들이는 것에서 시작한다. 사도 바울은 자신을 소개할 때 항상 과거의 이야기를 꺼낸다. 완전히 다른 삶을 살게 된 그에게 부끄러운 과거일 수도 있지만 그는 과거에 어떻게 살았는지 상당히 자세하게 설명한다. 현재의 내가 과거에서 비롯하기 때문이다. 달라진 것은 과거의 삶에 대한 해석이다. 유대 사회에서 어떻게 해야 성공할 수 있다는 것을 잘 알았던 바울은 폭력과 살인도 마다하지 않았다. 얼마든지 신의 이름으로 정당화할 수 있었다. 하지만 예수를 영접하고 새롭게 변화된 그는 그때의 삶을 다르게 해석한다. 성공을 위해 쌓았던 좋은 스펙과 경력과 학식을 모두 배설물처럼 여긴다고 말한다. 그리고 복음을 위해 고생하는 것이 가장 행복하고 자신에게 생명을 주신 예수님과 그분의 십자가가 가장 큰 자랑거리이며 자신이 살아갈 이유라고 고백한다. 바울은 과거의 자신을 용서하고 현재의 자신과 화해할 수 있었다. 예수님의 십자가 은혜가 죄인으로 살았던 과거의 자신까지 용서하는 힘이 있다는 사실을 믿고 있는 사람만이 누릴 수 있는 복이다.

그러므로 노인일수록 과거의 나와 화해해야 한다. 과거의 일들은 부끄러운 일이 아니다. 감추려 하는 것이 나 자신을 더욱 수치스럽게 만든다. 감추면 나를 용서할 수 없고 나와 화해하기 힘들다. 노년의 초월은 이렇게 모든 삶의 여정에서 일어난 일들을 나 자신으로 받아들이고 삶의 지혜로 만드는 일이다. 성경에서 요구하는 것처럼 우리는 "그리스도의 형상이 이루기까지"(롬 8:29; 갈 4:19) 또는 "온전한 사람이 되어서 그리스도의 충만하심의 경지에까지"(엡 4:13) 이르도록 애써야 한다. 이와 더불어 배우자와 자녀들과도 서로 용서하고 화해하는 것이 노년의 중요한 과제다. 노인들은 굴곡진 삶을 살아오면서, 의도하지는 않았겠지만, 배우자와 자녀들에게 많은 상처와 고통을 주었다는 것을 인정해야 한다. 어린 자녀에게 폭력을 행사하거나 분노의 감정을 그대로 드러내며 상처를 주었던 일들. 우리 사회에서는 여전히 부모의 권위를 존중하는 문화가 자리 잡고 있어서 부모가 폭력을 행사해도 어쩔 수 없이 당하는 경우가 많다. 부모 입장에서는 자녀를 위하고 걱정해서 행한 일이라고 하지만 폭력은 해결책이 될 수 없다. 남편이 아내에게 폭력을 행사하는 예도 마찬가지다. 폭력이 아니더라도 성실하지 못한 태도와 행동으로 서로 상처를 주었던 일들을 서로에게 이야기하고 용서를 구해야 한다.

나와 함께 일했던 간사님은 아버지가 암으로 돌아가시고 난 직후 어머니가 아버지에 대해 무척 섭섭한 감정을 가지고 있다는 사실을 알게 되었다. 비록 부모님이 그 교회에 다니지 않았지만 장례식은 교회 식구의 도움으로 잘 치를 수 있었다. 장례가 끝나고 간사님이 어머니에게 소회를 물었다. 그러자 어머니는 이렇게 대답했다.

"교인들이 많이 오셔서 장례 예배도 드리고 도와주시니 참 고맙더라. 모든 장례 과정을 잘 마쳐서 감사했다. 근데, 딱 하나 섭섭한 것이 있다. 네 아버지한테 꼭 듣고 싶은 말이 있었는데 끝까지 안 하고 가더라. 그렇게 나를 고생시켜 놓고 '미안하네', '고맙네' 한마디 없이 떠나서 마음이 참으로 섭섭하더라. 그 섭섭함이 내 가슴에 꼭 박혀 있다."

사실 부모와 자녀 간의 밉고 섭섭한 감정의 골이 상상 이상으로 상당히 깊다. 노인 복지관에서 강의를 위해 자료를 찾다가 부모와 자식 간의 갈등 문제를 다룬 유튜브 영상을 보게 되었다. 강의 내용보다 눈에 띄는 것은 댓글이었다. 80개의 댓글 중 한두 개를 빼놓고는 대부분이 틀어진 부모와 자식 간의 갈등이 해결되지

않고 있다는 경험담을 쏟아 내고 있었다.[53]

"도대체 왜 자녀가 부모와 화해를 해야 하는 걸까요? 부모와 연을 끊은 자녀는 대단한 결심을 한 거라서 '미안해', '사랑해'라는 말을 부모에게 할 수도 없고 할 마음도 없답니다. 부모가 바뀌지 않으면 답이 없어 보입니다."

"최근 8년간 연을 끊고 지냈고 아버지의 부고로 온 가족이 모였습니다. 오랜 시간이 흘렀으니 30년도 더 된 아주 어렸을 적 깊은 상처들을 담담히 이야기했습니다. 하지만 하루가 채 지나지 않아 상처는 반복되었고 과거로 회귀한 듯 그때 고통까지 모두 생생히 되살아나더군요. 결국 가족이지만 멀어질 수밖에 없다고 결론을 내렸습니다. 어린 시절 깊이 뿌리박힌 상처와 트라우마를 깨끗이 치유하기는 쉽지 않은 것 같아요. 매우 좌절했고 외로웠고 슬펐습니다."

"늘 부모님의 가치관과 생각을 저에게 강요하는 데서 싸움이 시작됩니다. 그리고 저의 사과로 마무리돼죠."

우리 문화에서는 아무래도 자식들이 먼저 부모에게 다가가 화해를 시도하려고 애를 쓴다. 하지만 위의 댓글에서 알 수 있듯이 부모들이 태도를 고치지 않는 이상 화해하는 것이 쉬워 보이지 않는다. 우리는 인생 서사를 쓰면서 이러한 문제를 다룰 수 있다. 어떻게 보면 인생 서사를 쓰는 일은 자기 자신을 돌아보고 가장 중요하고 시급하게 해야 할 일을 깨닫고 용기를 내는 일이기도 하다. 용기를 내어 자신뿐만 아니라 사랑하는 사람과 나와 관계 했던 사람들과의 용서와 화해를 시도하고 그로 인해 일어날 생명의 열매들을 기대해 보자. 성경의 대서사의 가장 핵심이 하나님이 우리를 용서하기 위해 했던 십자가의 사역이었듯이 우리에게 새로운 생명의 샘물을 흐르게 하는 것은 용서와 화해다. 용서와 화해에 관한 이야기는 인생 서사에서 화룡점정이라고 할 수 있다.

나의 존엄 지키기

사실 현재 노인들이 겪고 있는 문제는 빈곤과 고립, 독거사, 주거처럼 다루어야 할 사안이 많다. 이는 보통의 삶을 사는 우리 모두가 겪게 될 문제다. 이 시기가 나에게 다가오면 어떻게 할 것인가? 이러한 문제가 현실적으로 닥치면 잘 인내하고 지혜롭게 다룰 수 있을까? 이러한 현실 문제를 잘 다루기 위해서라도 우리는 노년의 시기에 자기 삶의 이야기를 만들어 가는 것이 필요하다. 종착역에 이르기 전에 마음과 정신이 멀쩡할 때 자신의 인생 서사를 마무리해야 한다. 그 이전 생애 주기에서 기록했던 인생 서사를 토대로 앞으로 얼마 남지 않은 삶까지 정리하여 자신만의 인생 스토리를 만드는 과정이 자신의 존엄을 지키는 길이다. 이야기를 기록하는 일은 단순한 사실만을 되새기는 행위가 아니다. 궁극적으로는 나를 찾는 일이다. 종착역에 이르면서 겪어야 할 어려운 문제들을 지혜롭게 잘 다루기 위해서는 나 자신을 잃지 않는 것이 중요하다. 행여 병원에서 치료를 받거나 요양원에 거주하게 된다면 그때부터 가족이나 타인에게 맡겨진 수동적 일상을 살아가게 된다. 심지어 장례를 치르는 것까지 나의 생각과 의지가 들어갈 여지가 없이 진행된다. 인생 서사는 나의 존재나 다름없어서 이러한 상황에 닥치더라도 나의 존재를 존엄하게 지켜 낼 근원적 힘이 된다. 또한 인생 서사는 이 땅에서 살아왔던 나의 존재 전체를 말해 준다. 그 서사를 가지고 하나님 앞에 결산서로 내놓을 것이다. 그러므로 노년에 작성해야 할 자신의 인생 서사 작업은 마지막 순간까지 해야 할 중요한 과업을 지속하게 하는 힘이 있다. 우리는 누구나 독특한 자신만의 이야기가 있다. 여태껏 살아온 삶의 여정이 나만의 이야기다. 많은 사람이 자신의 이야기를 잃어버린 채 살아간다. 그 이야기를 살려 내야 한다. 나의 가치와 존엄은 이야기를 통해서 다시 살아난다.

내가 노인복지관에서 근무할 때 가깝게 지낸 한 어르신이 있었다. 그분은 당시 92세였지만 혼자 버스를 타고 다닐 정도로 건강하셨고 옷차림과 어투도 세련되어서 부유한 집안에서 별 고생 없이 살아온 듯한 느낌을 주는 할머니였다. 그녀가 나에게 식사를 대접해 주고 싶다고 해서 흔쾌히 약속을 잡았다. 물론 나는 그녀가 자신의 이야기를 들어줄 사람이 필요하다는 것을 알고 있었다. 11시쯤 식당에서 식사를 시켜 놓고는 그녀에게 어떠한 삶을 살아왔는지 물었다. 그녀는 기다렸다는 듯이 그동안 자신이 살아오면서 고생했던 이야기를 쏟아 내기 시작했다. 자리를 옮긴 찻집에서도 이야기는 끝날 줄 몰랐다. 오후 3시가 넘어갈 쯤, 나는 다시 만날 것을 약속하고 대화를 멈추었다. 밖을 나와서 잠시 걷던 중 그녀는 나의 팔을 잡더니 이렇게 말을 했다. "김 선생, 고마워. 내 이야기를 누구에게도 이렇게 꺼내 놓은 적이 없었는데. 속이 후련해. 맺혀 있던 무언가가 쑥 내려가는 느낌이야." 다음 날, 전화를 드렸더니 또 고맙다는 말을 전하며 이렇게 덧붙였다. "내가 항상 아들 출근하기 전에 잠이 깨는데 오늘 아침에는 아들 출근하는 줄도 몰랐어. 잠을 푹 잔거야. 이런 일이 없었는데." 그녀는 자신의 인생 이야기를 세상 밖으로 꺼내 놓으면서 자신의 존재를 되찾기 시작했다. 내가 살아온 인생 여정의 이야기가 단지 넋두리로 끝나지 않고 해석되고 의미가 부여된다면, 그 이야기의 파편들은 구슬처럼 꿰어져 아름다운 서사가 되고 그 안에서 진정한 나의 존재를 발견하게 될 것이다. 내 삶의 이야기는 죽음에 이르는 순가까지 계속된다. 그러다가 살아온 삶의 모습 그대로 죽음을 맞이하게 된다.

과거의 치욕스러운 일, 사업 실패, 빚 보증, 이혼, 부모와의 갈등 등 생각하기도 싫은 기억들은 지우려고 해도 이미 내 삶의 일부다. 오히려 그것들이 지금의 나를 만드는 것에 더 큰 영향을 주었을 수도 있다. 그때의 일을 잊는다고 해서 해결될 문제들이 아니다. 우리는 무수한 시간 동안 과거의 불행한 일이 불현듯 떠올라서 분노가 일거나 극도의 후회감이 밀려오는 경험을 하곤 한다. 특히 비슷한 사건을 다시 겪거나 과거 일과 관련한 유사한 사람들을 만났을 때는 감정이 격해지거나 행동이 통제되지 않기도 한다. 하지만 이러한 나의 욕구와 대치되는 경험들과 그로 인해 파생된 감정들은 지금의 나를 성찰할 수 있는 아주 좋은 도구다. 그것을 회피하거나 감추려 할수록 우리는 왜곡된 감정과 편견으로 살아가며 인격이 더 이상 성숙하지 않는다. 이 모든 경험과 감정을 받아들이고 나를 인정하는 것은 자아를 완성하는 일이며 노년의 초월을 이루는 일이다. 이를 통해서 뒤따르는 세대에게 인생의 참된 지혜를 남겨 주게 된다. 참된 어른으로서 지혜를 가르치되 살아 있는 생생한 이야기를 통해서 어른의 지혜를 전수하는 것이다. 자아 완성과 노년 초월은 에릭 에릭슨Erik H. Erikson과 그의 아내 조엔 에릭슨Joan M. Erikson에 의해서 노년의 과업으로 제시되었다. 노년에는 이제 더 이상 발달해야 하는 단계가 없고 완성하고 마무리해야 할 시기다. 자기 서사가 있는 삶은 몸이 쇠약하여 누군가에 의해 돌봄을 받을지라도 끝까지 자신의 존엄을 지켜 줄 것이다.

노년의 시기에 가장 힘든 것은 우리의 몸이 노쇠하여 많은 질병을 앓거나 혼자서 움직일 수 없는 상태가 되었을 때 경험하는 무기력과 고립감이다. 허약한 몸을 가누거나 여러 복합적 질병의 고통을 견디는 것도 힘든데, 이런 상황이 닥치면 주변과의 관계가 복잡해진다. 돌봄에서부터 임종에 이르기까지 우리 사회의 현 상황에서는 혼자 결정할 수 있는 일이 거의 없다. 인생의 종착역에 도달할 즈음 더 이상 치료해도 회생할 가능성이 없을 때 연명 치료를 할 것인지 결정해야 할 수도 있다. 가족들과 의사들은 어떻게든 살리려고 노력할 것이다. 하지만 의식이 없이 겨우 기계에 의존해서 숨을 쉴 뿐 아무런 생명 활동을 할 수 없는 사람을 지켜보는 것은 매우 힘든 일이며 많은 문제를 야기하기도 한다.

우리나라에서는 2016년 1월 8일, 국회에서 '호스피스·완화의료 및 임종 과정에 있는 환자의 연명 의료 결정에 관한 법률안' 줄여서 연명 의료 결정법 또는 웰다잉법이 통과되어 같은 해 2월 3일에 제정되었다. 웰다잉법은 임종 과정을 회생 가능성이 없거나 사망이 임박해 있고, 치료해도 회복할 수 없는 상태로 정의하고 임종 과정에서 환자에게 심폐소생술, 혈액투석, 항암제 투여, 인공호흡 착용 등 연명 의료를 중단할 수 있다는 내용을 담고 있다. 이러한 법안이 제정되기까지 다양한 논의와 사건이 있었는데 그중 가장 결정적 계기가 되었던 것은 보라매병원 사건과 세브란스병원의 김할머니 사건이었다.

1997년 12월 4일, 보라매병원에 58세의 한 남성이 급하게 응급실에 실려 왔다. 그 남성은 술에 취한 상태에서 화장실에 가다 넘어져 머리를 크게 다치게 되었고 보라매병원으로 옮겨져 뇌

수술을 받았다. 보호자와 연락이 되지 않아 일단 수술부터 한 상황이었다. 수술은 잘 되었지만, 뇌부종(뇌가 붓는 현상)으로 인해 자발적으로 호흡을 할 수 없게 되자 인공호흡기를 부착했고 뒤늦게 찾아온 그의 아내는 퇴원을 요구했다. 당장 청구된 260만 원의 치료비를 내기 힘들었을 뿐만 아니라 이후 입원비와 치료비를 감당할 수 없었기 때문이다. 더욱이 남편이 사업에 실패한 후 거의 17년 동안 벌이 없이 술에 취해 가족에게 폭력을 일삼았던 터라 가족들과 관계도 썩 좋지 않았다. 아내는 조사 중 "솔직한 심정은 그동안 남편에게 당한 것을 생각하면 살리고 싶은 마음도 없고 오히려 이번 기회에 죽는 편이 낫겠다고 생각했다"고 진술할 정도였다. 병원에서는 퇴원하면 환자가 위험한 상태였기 때문에 요청을 거부했다. 하지만 아내의 완강한 퇴원 요구가 있었고, 병원은 사망 가능성을 반복해서 설명한 후 사망하더라도 법적인 이의를 제기하지 않겠다는 귀가 서약서를 받고 환자를 퇴원시켰다. 그러나 안타깝게도 구급차에서 호흡기를 떼고 집으로 환자를 인계한 후, 환자는 5분 만에 사망했다. 사망 후 형편이 어려웠던 아내는 장례식도 치르지 않고 남편의 시신을 화장터로 보냈다. 그리고 변사 사건으로 신고하면 장례비를 보조받는다는 이야기를 듣고 관할 파출소에 알렸고 이를 마뜩잖게 여긴 환자의 가족이 신고하여 되레 조사를 받았다.

결국 7년이라는 긴 세월의 재판 끝에 아내는 부작위(결과를 막을 수 있었음에도 방관한 채 법적 의무를 이행하지 않는 행위)에 의한 살인죄로 징역 3년에 집행유예 4년을, 그리고 담당 전문의와 전공의는 각각 살인죄의 종범(타인의 범죄 행위를 도와주는 행위)으로 징역 1년 6개월에 집행유예 2년을 선고받았다. 이후에 병원들은 더 이상 소생할 가능성이 없는 환자를 퇴원시키는 것을 거부하게 되었다. 그동안 관례로 그들을 퇴원시키기도 했지만, 이제는 각서를 썼더라도 살아날 가망이 없는 환자를 퇴원HD: Hopeless Discharge시키게 되면 살인죄를 뒤집어쓰게 된다는 인식이 퍼졌기 때문이다. 어떤 이들은 이 사건을 의학적 권고에 반하는 환자의 퇴원DAMA: Discharge Against Medical Advice으로 보기도 한다. 평소에 남편이 가족에게 불성실했고 폭력까지 일삼아 왔으며 더군다나 별거하고 있는 상황에서 가난한 아내가 남편을 돌본다는 것이 무리한 요구였다는 판단 때문이다. 하지만 당시 인턴으로 무죄 판결을 받았던 강문철 씨는 최근 인터뷰에서 그는 '살아날 수 없어서 퇴원시킨 사람'이었다면서 이후에 집에서 죽음을 맞이하고 싶은 환자들까지 퇴원할 가능성이 사라졌다고 그때의 일을 회고했다.[54]

보라매병원 사건과는 다르게 김할머니의 경우는 법원이 연명치료 중단을 허용했다. 2008년 2월에 김할머니는 폐렴이 의심되어 세브란스병원에 입원해서 기관지 내시경을 통한 조직 생검Tissue Biopsy을 받았다. 그 과정에서 과다하게 출혈이 발생했고 호흡 부전으로 산소 공급이 원활하지 않아 뇌 손상을 입어 의식을 회복하지 못하자 인공호흡기를 착용했다. 김할머니 가족은 그녀가 평소에 했던 말과 뜻에 따라 병원 측에 인공호흡기를 제거해 달라고 요청했다. 그러나 거부당하자 소송을 제기했고 재판부는 2009년 5월 21일에 연명 치료 중단 판결을 선고했다. 이 판결은 연명 의료 결정에 전환점이 되었다.

식물 인간 상태인 고령의 환자를 인공호흡기로 연명하는 것에 대하여 질병의 호전을 포기한 상태에서 현 상태만을 유지하기 위하여 이루어지는 연명 치료는 무의미한 신체 침해 행위로서 오히려 인간의 존엄과 가치를 해하는 것이며, 회복 불가능한 사망의 단계에 이른 환자가 인간으로서의 존엄과 가치 및 행복 추구권에 기초하여 자기 결정권을 행사하는 것으로 인정되는 경우에는 연명 치료 중단을 허용할 수 있다(2009년 5월 21일 대법원 판결).

이러한 판결은 연명 의료 중단을 헌법에서 보장하는 행복 추구권(헌법 제10조)[55]에 기초하여 자기 생명과 신체의 기능을 스스로 결정하는 권리로 인정했다는 데 의미가 컸다. 자기 결정권에 대한 이해가 깊어지고 그 권리를 보호하고자 하는 여론이 확산되면서 존엄사를 인정하게 되었고 지금 화두가 되고 있는 안락사의 입법 논쟁까지 이르게 되었다. 존엄사와 안락사의 문제는 사실 현실적으로 죽음 자체보다는 당사자가 겪는 신체적 고통과 더불어 가족의 어려움과 정신적 고통에 크게 영향을 미친다. 두 사례를 통해 알 수 있듯이 연명 치료를 할 것인지에 관한 판단은 가족과의 관계에서 결정된다고 볼 수 있다.

그렇기 때문에 죽음을 준비하는 데 있어서 내가 어떻게 죽음을 맞이할 것인가에 대해 사전에 가족들과 충분한 대화를 나누는 것이 좋다. 보라매병원의 경우와는 다르게 김할머니는 평소에 의사 표현을 자주 했다. 그녀는 남에게 누를 끼치며 살고 싶지 않고 건강을 잃게 되면 연명 치료를 지속하기보다는 자연스럽게 죽었으면 좋겠다고 말해 왔다. 김할머니가 돌아가시기 3년 전, 남편이 사망했을 때도 임종 당시 기관 절개술을 받게 되면 생명을 연장할 가능성이 있었음에도 거부했고 자신도 이런 일이 발생하면 인공호흡기와 같은 기계로 연명 치료를 하지 말 것을 당부했다고 한다. 가족들이 분명한 의사를 알지 못한 상황에서 갑자기 연명 치료를 받아야 하는 상황이 생기게 되면 가족들은 상당한 혼란에 빠지게 된다. 더욱이 연명 치료가 장기화될 경우 재정적 부담과 돌봄에 대한 스트레스는 가족의 몫으로 돌아갈 수밖에 없다. 죽음이 다가올 때 보통의 사람들은 가족들에게 짐이 되는 것을 가장 꺼린다. 특히 노인들의 경우 평소에도 노쇠한 자기 신체와 불편한 생활을 보면서 자식들에게 짐이 되는 것을 가장 걱정한다. 자식들의 처지에서는 어떻게든 부모를 살리기 위해서 최선을 다하고 싶어 한다. 하지만 돌볼 수 있는 여력이 안 되는 현실에서 갈팡질팡하게 되고 심지어는 부모들을 돌보는 문제로 형제자매들 간에 심각한 갈등을 겪게 되는 것이 현실이다.

가족들에게 짐이 되지 않기 위해서라도 미리 의사 결정 능력이 있을 때 최소한 연명 의료에 관한 의사 표시를 하는 것이 좋다. 가장 좋은 방법은 사전 연명 의료 의향서를 작성해 놓는 것이다. 주변에 주로 복지관 같은 공인 기관들이 적극적으로 의향서 작성을 안내하고 있다.[56] 사실 연명 의료 의향서를 작성한다고 하더라고 병원에서 연명 의료 결정을 하기가 쉽지 않다. 연명 의료 결정법이 의료 행위이기 때문에 입증해야 할 서류가 매우 복잡하고 번거로워 포기하는 경우가 많다고 한다. 연명 의료를 중단할 경우 그것을 판단할 '윤리 위원회'를 설치하도록 되어 있는데 대학 또는 대형병원 외에는 힘들고 그마저 환자가 '임종 과정'에 있음을 다수결로 판단하고 있어서 중대한 의료 결정의 윤리성이 의심될 여지가 있다.[57] 연명 의료 의향서를 작성하는 것은 자신의 의료 결정에 참여하는 능동적 의사 표현이기도 하지만 이러한 현실을 개선하도록 압력을 가하는 시민 행동의 일부일 수도 있다.

존엄사가 죽음을 앞둔 환자를 대상으로 연명 치료를 중단하는 것이라면 안락사는 인위적으로 생명의 기능을 중단하게 하여 생을 마감하는 것이다. 존엄사는 소극적 안락사이며 반면에 일반적으로 생각하는 안락사는 엄밀히 따지면 의사에 의한 조력 자살이라고 할 수 있다.[58] 안락사(조력 자살)의 경우는 너무 견디기 힘든 고통을 겪고 있는 환자들이 선택한다. 유명한 호주의 생태학자인 데이비드 구달David Goodal은 2018년 5월, 스위스의

한 병원에서 조력 자살을 선택하여 사망했고 유명한 프랑스 배우 알랭 들롱Alain Delon도 조력 자살을 가족에게 부탁해서 화제가 되었다. 안락사에 대해 우리 사회는 상당히 긍정적인 것 같다. 2021년도에 서울대병원 윤영호 교수팀이 19세 이상 1,000명을 대상으로 조력 자살에 대한 설문 조사를 했는데 76%가 안락사법을 입법화하는 데 찬성했다. 아직 우리나라는 불법이기 때문에 합법인 데다 외국인까지 허용하는 스위스로 가기를 희망하는 환자들이 많은 것 같다.[59] 최근 한 국회의원이 입법을 추진하기 위해 애쓰고 있는 모양이다.

안락사는 의사의 도움으로 의식이 있는 상황에서 자신의 목숨을 끊는 것이기 때문에 넓게 보면 공식적인 자살이나 다름없다. 그렇다고 아무나 원한다고 해서 할 수 있는 것은 아니며 안락사를 허용하는 조건은 생각보다 까다롭다. 단지 안락사법을 고려하는 것은 견딜 수 없는 고통이 있고 치료 불가능하다는 점, 그리고 자기 생명과 치료에 관해서 스스로 결정할 수 있는 권한이 있다는 점(헌법 제10조)에서 그렇다. 성경의 가르침을 따르는 그리스도인들은 조력 자살을 인정하기가 쉽지 않다. 생명의 주권(결정권)이 하나님에게 있다고 믿기 때문이다. 윤 교수팀의 설문 조사에서도 사람들이 반대하는 이유의 가장 높은 비율(44.3%)이 생명 존중에 있었다. 극심한 고통을 견디며 사는 것보다는 죽는 것이 더 낫다고 생각하기 때문에 생명의 중단을 고려하는 것이다. JTBC가 안락사 문제를 다룬 방송에서 환자들의 고통을 보여 주었다. 한 예로 복합통증증후군CRPS: Complex Regional Pain Syndrome 이라는 희귀병을 앓고 있는 환자는 자신의 고통에 대해서 "면도 칼에 베이는 느낌, 전기가 통하는 느낌, 그다음에 타들어 가는 느 낌… 불에 살이 구워지는 느낌"을 받는다고 표현했다. 너무 고통 스러운 나머지 그도 자신을 디그니타스(스위스 조력 사망 단체) 의 회원으로 등록해 놓았다.

여러 사람의 호소에도 불구하고 우리나라에 안락사법을 제정 하는 것이 아직 섣부르다고 생각한다. 그 법이 오용될 여지가 있 어 보이기 때문이다. 안락사 외에 다른 대안이 없을까? 인위적 죽음을 선택하기 전에 고려해 볼 수 있는 중요하고 필요한 대책 이 있다면, 그것을 호스피스-완화 의료와 돌봄 서비스라고 생각 한다. 극심한 신체적 고통을 겪고 있거나, 시한이 정해진 환자들 을 위한 돌봄의 문화와 시설이 제도적으로 잘 갖추어 있어야 한 다. 하지만 우리나라는 이 영역에 있어서 너무나 취약하다. 일부 가톨릭 단체에서 병원과 호스피스 시설을 갖추고 신부와 수녀님 들 그리고 봉사자들이 말기 환자 돌봄을 하고 있다. 개신교의 사 례는 기독교 정신을 내세우고 있는 몇몇 호스피스 병원이 있지 만 여느 병원과 다르지 않게 운영하고 있어서 특화된 병원은 없 다고 보아도 무방하다. 개인적으로 그 분야에 종사하거나 자원봉 사를 하는 사람이 많이 생겨나고 있는 것으로 보인다. 지역 교회 에서 하는 환자들 심방이나 구제 활동이 이 영역에 속한다고 볼 수 있다. 하지만 조금 더 체계적인 시스템과 전문성을 가지고 치명적인 고통을 겪고 있는 환자를 돌보는 일이 중요하다. 이러한 인프라가 잘 갖춰진 상태에서 안락사법을 제정해도 늦지 않다. 공적 영역에서 호스피스-완화 시설과 전문 인력을 늘리도록 요구하는 것도 죽음의 종착역에서 할 수 있는 공적 역할일 것이다.

또한 우리가 마지막 순간까지 존엄을 지키기 위해서는 돌봄과 치료에 대한 인식이 달라져야 한다. 만성 질환 환자뿐만 아니라 그들을 돌보는 사람들의 수고가 재평가되고 공적 차원에서 경제 가치를 부여해야 한다. 또한 의료 서비스에 있어서도 의사와 환자 간 기울어진 권력 관계를 재조정해야 한다. 의사가 치료에 관한 거의 모든 것을 결정하는 이런 시스템 아래에서는 더욱 환자의 자기 결정이 존중받기가 쉽지 않다. 사회의 일부에는 이런 환경을 변화시키기 위해 노력하는 사람들이 있다. 서울 강북구에 있는 '건강의 집'의 의사들은 방문 진료를 하면서 환자들과 인격적 소통을 하고 있다. 환자의 집안 분위기에서 생활 패턴을 알고, 어떤 약을 복용하고 있는지도 알기 때문에 단순한 진료 이상의 관계가 형성된다. 아픔을 안고 살아가는 모습 그대로 존중받는 환자로 대우한다면 그 환자는 건강한 존재로 일상을 살 것이다.[60] 많은 이가 병원보다는 집에서 죽음을 맞이하고 싶어 한다. 치료와 돌봄에 있어서 집은 병원이나 요양원보다 훨씬 불편하다. 그럼에도 불구하고 집을 원하는 것은 내 삶의 흔적이 스며 있고 그 공간이 낯설지 않기 때문이다. 하지만 이제 사람들 대부분이 병원이나 요양원에서 죽음을 맞이해야 하는 현실에 놓여 있다.

시설과 집의 접점을 찾을 수 없을까? 그래서 정부에는 커뮤니티 케어라는 대안을 내놓고, 그것을 시도하는 단체도 생겨났다. 사실 물리적 장소보다는 정서적 공간으로서 집을 원한다. 시설이라 할지라도 집의 정서를 느낄 수 있다면 가능하지 않을까? 노년에 겪을 수밖에 없는 질병으로 인해 고통을 안고 살아가는 삶을 존중해 주고 자기 서사를 이어 가도록 돕는 공동체와 공간이 있다면 오히려 집보다 더 나을 것이다.

나만의 장례식 계획하기

마지막으로 나의 죽음을 조금 더 의미 있고 가치 있게 만들고 싶다면 장례를 사전에 직접 설계하는 것도 좋은 방법이다. 병원에서부터 이어지는 돌봄과 임종 그리고 장례 절차는 우리 사회에서는 상당히 상업화되어 있다. 대부분의 장례식이 고인에 대한 기억과는 상관없이 살아 있는 사람들의 최소한의 의무처럼 느껴지고 유가족들의 사회적 관계를 과시하는 듯한 현장을 보여 준다.

사전 장례식 꾸미기는 두 가지 측면에서 의미가 있다. 하나는 나 자신이 숨을 거두는 순간까지 인간으로서 존엄을 지키기 위함이다. 우리는 단순히 죽음을 '처리'해야 하는 대상이 아니라 죽음마저도 한 인간의 소중한 삶의 일부로 지켜 주기를 바란다. 하지만 상업화된 장례 서비스는 이를 충분히 담아내지 못한다. 내가 직접 사전에 장례식을 꾸미다 보면 마지막 순간까지 죽음에 휘둘리지 않고 자기 스스로 존엄을 지키고 있다는 사실을 느끼게 될 것이다. 또 다른 의미는 계획된 장례를 통해서 삶의 가치를 배울 수 있는 기회를 제공한다. 장례는 이 땅에서 살아온 내 삶의 여정을 마지막으로 보여 줄 수 있는 시간이다. 장례에 참여하는 이들은 마지막 순간까지 자신의 존재를 살아 내는 한 인간의 주체적이고 충만한 삶의 모습을 보며 어떻게 살아야 하는지를 배울 수 있는 기회를 얻게 될 것이다.

그렇다면 어떻게 장례 절차를 계획할 수 있을까? 또한 장례식장은 어떻게 꾸밀까? 김동건 작가의 『빛, 색깔, 공기』에는 아버지가 암 선고를 받고 나서 죽어 가는 동안 본인의 장례를 위해 준비한 내용이 담겨 있다. 신학자이자 목회자인 아버지는 장례 예배에 전할 설교문을 직접 작성하고 부를 찬송가를 정해 주고, 관의 목재와 관보를 준비하게 하고, 비석의 글귀를 알려 주고, 가족들이 장례에 입을 복장까지 알려 준다. 나는 이 책을 읽고 나서 나의 장례 준비에 대해 이렇게 메모해 두었다.

설교문과 찬송가는 내가 직접 쓰고 골라 두어야겠다. 죽어 가는 과정에서 연명 치료는 하지 않고 고통 중에 임하신 하나님과 더 깊이 교제를 가져야겠다. 아내와 자녀들에게 말로 못 다한 표현을 잘 정리해서 글로 남겨야겠다. 그 이전에 충분히 표현할 것이다. 죽는 순간까지 성도로서 존엄을 잃지 않고 주님의 생명으로 살아가는 모습을 보여야겠다. 육체와 지성이 허락하는 한 내 인생의 여정을 이야기로 담아야겠다. 그 이야기는 신앙과 신학의 깊이가 담긴 지혜서가 되면 좋겠다. 내가 자녀들에게 물려줄 가장 값진 유산은 이 지혜서다.

사전 장례 설계의 핵심은 기억이다. 살아생전의 모습을 장례식장에 잘 전시해 놓거나 이야기로 들려주고 또는 영상으로 보여주며 기억하게 할 수 있다. 기록된 서사가 없다고 하더라도 고인과 관계했던 많은 이의 기억 속에 자리하고 있다. 고인의 이야기가 장례식장에서 들려지고 여러 전시와 장치들을 통해 볼 수 있게 한다면 더욱 그 존재에 대한 기억과 한 인간이 이 땅에 살았던 생의 고귀함을 느낄 수 있을 것이다. 특히 영상으로 담는 것은 매우 효과적인 도구가 될 수 있을 것이다. 인생 서사 작업을 통해서, 자서전과 같은 자신만의 이야기를 기록하는 것만으로도 매우 좋은 도구이지만 더 나아가 여건이 된다면 인생 서사를 기록하는 과정에서 이야기에 맞는 사진이나 영상을 담아 다큐멘터리를 만드는 것도 매우 좋은 방법이다.

장례 의례에 관해 한마디 덧붙이자면 장례 문화를 본래의 의미와 취지에 알맞게 바꾸어 보는 것이 필요하다. 예전 우리 고유의 장례는 마을 상호 부조의 결정체라 할 수 있다. 장례가 나면 자기가 먹을 식량을 가지고 와서 초상집에서 끼니를 해결하며 도왔다. 아무리 바쁜 일이 있어도 초상집에 온 마을 사람들이 모여 장례에 참여하는 대동의 성격이 강했다. 고인과 함께 살아왔던 마을 사람들은 어린아이 할 것 없이 고인의 삶을 기억하고 있었기 때문에 상여가 나가고 무덤에 묻히기까지 마지막 삶의 여정에 참여했다. 영화 「축제」를 보면 전통 장례가 어떻게 치러졌는지 잘 알 수 있다. 그 영화에서 인상 깊었던 장면은 가족에게 천대를 받았던 주인공의 이복 조카 용순이까지 장례식이 끝난 후 함께 기념 사진을 찍는 모습이었다. 장례의 과정에서 가족끼리 섭섭한 감정들과 갈등이 해결되고 있다는 것을 말해 주고 있었다. 이렇듯 전통 장례는 참여한 모든 이가 고인에 대한 기억을 가지고 있었고, 가족의 화해가 있었으며, 마을의 대동이 있었다. 환경이 달라진 지금은 전통 장례 의식을 그대로 치를 수는 없을지라도 그 정신과 의미를 담아낼 수 있는 새로운 방법을 모색할 수 있을 것이다. 고인의 기억을 간직한 사람들 위주로 장례에 참여하여 고인을 기억하는 행사를 하면 더 좋을 듯하다. 장례 의례는 편지나 글로 써서 기억을 읽을 수도 있고 추모하는 노래를 부를 수도 있다. 또한 고인을 기억할 수 있는 다양한 물건이나 사진을 예식장에 전시할 수 있다. 이런 절차는 허례허식을 줄여서 장례 비용을 상당히 낮출 수 있다.

그리고 그 비용으로 고인의 자서전이나 영상을 만드는 데 사용하면 좋을 것이다. 매년 기일마다 가족들이 다큐멘터리 영상을 보며 고인의 삶을 기억하게 된다면 가족의 좋은 문화와 전통으로 이어 갈 수 있을 것이다. 그리고 장례가 끝난 후 가족들끼리 따로 만찬을 나누면서 서로 화해할 수 있는 기회를 마련하는 것도 좋다. 그동안 고인을 돌보느라 수고했던 가족에게 감사를 표하거나 미안한 마음을 전하고 서로 얽히고 섭섭한 마음을 풀어 주어 가족이 화합할 수 있을 것이다. 이러한 장례 의례를 처음 시도한다는 것은 쉽지 않다. 시도하는 것만으로도 건강한 장례 문화를 형성하는 데 좋은 영향을 줄 수 있다. 교회는 이러한 시도에 힘이 되어 줄 수 있다. 교회 공간은 장례를 치르기에 매우 좋다. 교인들뿐만 아니라 지역 사회를 위해 장례식장으로 제공한다면 더할 나위 없이 좋은 생명의 물줄기가 될 것이다. 이렇게 죽음을 통해 오히려 새로운 생명을 확산하는 일을 할 수 있을 것이다. 인생의 후반전을 살고 있는 나에게 소원이 있다면, 위와 같이 건강한 장례 문화를 만들어 보급하는 일이다. 한 인간의 인생 여정에서 경험한 생사의 이야기가 서사로 기록되고 장례식에서 아름답게 결실을 맺기를 바란다. 남아서 인생 여정을 계속 걸어야 하는 이들이 새롭고 건강한 장례를 통해서 지혜를 얻을 수 있다면 세상은 참 많이 달라질 것이다.

6장

죽음 이후

죽음이란 하나님의 얼굴을 맞대고 볼 수 있는 곳으로 데려다주는
고통스럽지만 복 있는 관문이다.

헨리 나우웬Henri Jozef Machiel Nouwen

몸의 부활과 완전하고 영원한 나라

우리의 서사의 마침표는 죽음이 아니다. 현재는 죽음 이후의 삶에 대한 준비요, 존엄하게 죽음을 맞이할 디딤돌이다. 죽음으로써 새로운 차원의 삶이 시작된다. 서사가 있는 충만한 인생은 다음 생에 누릴 기대와 소망으로 죽음을 잘 받아들일 수 있다. 죽음의 여인으로 불릴 만큼 죽음학에 큰 주춧돌을 놓았던 엘리자베스는 인생 말년에 중풍으로 9년 넘게 반신불수로 지내다가 죽음을 맞이했다. 그녀의 장례식에는 특별한 장면이 연출되었다. 그녀의 자녀들이 어머니의 관 앞에서 하얀 상자를 열었다. 그때 수많은 나비가 상자에서 나와 날아올랐다. 그녀는 평소에도 나비 인형으로 어린이들에게 죽음에 관한 설명을 해 주었다고 한다. 애벌레 모양을 한 인형의 단추를 풀어 펼치면 나비로 변했기 때문에 죽음을 비유하기 좋았다. 엘리자베스 여사가 죽음을 어떻게 생각하는지 알 수 있는 설명이었다. 애벌레는 나뭇가지나 잎사귀에 거꾸로 매달린 채 부드러운 실을 뿜어 자기 몸을 감싼다. 고치

안 번데기는 완전히 몸이 녹아서 액체 단백질로 변해 성충으로 새롭게 자라게 되고 나비로 변신한다. 그리고 번데기 안에서 완전히 형태가 변한 나비는 마침내 고치를 뚫고 나와 자유롭게 날아오른다. 우리의 죽음도 이와 같지 않을까? 우리의 삶은 죽음으로 끝나는 것이 아니라 죽음이라는 관문을 통해 완전히 변화된 새로운 몸을 입는다. 하지만 여전히 그 존재의 인격은 유지된 채 새로운 세상으로 들어간다.

반면 죽음과 함께 모든 것이 끝나며 죽음 이후의 세상은 없다고 믿는 이도 많다. 고대 그리스 철학자 에피쿠로스Epicurus로부터 최근에는 예일대 철학과 교수인 셸리 케이건Shelly Kagan까지 이러한 생각은 오랜 역사를 지닌다. 셸리는 자신의 저서 『죽음이란 무엇인가』에서 부활 전후 인간 존재의 연속성을 증명할 수 없기 때문에 부활을 믿지 않을뿐더러 인간이 죽으면 모든 것이 끝난다고 주장한다. 아직까지 어느 누구도 예수님처럼 죽었다가 살아서 생명을 유지한 사람이 없고 부활 후의 인간의 상태에 대해서 성경은 자세히 다루지 않기 때문에 단정 지어 설명하기 힘들다. 그러나 설명하기 힘들다고 해서 진리가 부정되는 것은 아니다. 성경은 부활한 몸의 상태에 관해 다루지는 않지만 많은 구절을 통해 부활이 있음을 가르친다. 죽음 이후의 새로운 세상과 더불어 우리 몸의 변화를 이야기한다. 이 땅에서 살았던 몸과는 다른 형태로 변화하여 새로운 삶의 영역으로 들어가게 될 것이라고 전망한다. 그렇다고 우리의 몸이 부활 후의 몸과 완전히 단절되는 것도 아니다. 죽음 후에 우리의 몸은 연속성과 비연속성이 존재한다. 예수님의 부활이 좋은 예다. 사흘 만에 다시 살아난 예수님의 몸은 이 땅에서 살면서 경험한 신체 모양 그대로였다. 영혼만이 단독으로 빠져나와 존재하지 않았다. 예수님은 부활 이후에 제자 도마에게 나타나 창에 찔린 옆구리를 보여 주며 만져 보도록 했고, 제자들과 함께 식사하기도 했다. 하지만 그는 공간의 제약이 없이 이동하셨다. 다른 성질의 몸이었다. 이런 형태가 어떤 것인지 우리는 알 수 없지만 그 이전과는 완전히 다른 몸인 것은 분명하다. 또한 성경은 '죽은 자'의 부활(고전 15:13; 52)을 말한다. 사도 바울은 마치 씨가 땅에 심겨져 새로운 모양으로 자라나듯이 우리의 몸도 죽어서 부활할 때는 새로운 형체로 변화될 것이라고 가르쳤다(고전 15:35-58). 우리는 사도신경의 고백처럼 몸의 부활을 믿고 있다.

성경에서는 죽었다가 다시 살아난 사람들의 이야기가 더러 있다. 대표적으로 예수님의 친구였던 나사로가 완전히 죽었다가 살아났다. 심지어 무덤에 묻혀 썩고 있는 그를 살리셨다. 또한 예수님은 이제 막 숨을 거둔 관원의 딸을 살리기도 했고 베드로와 바울도 죽은 사람을 살렸다고 성경은 증언한다. 우리 주변에도 죽었다가 살아난 사람들의 이야기가 많다. 완전하게 신체의 기능이 멈추었다기보다는 소위 임사 체험Near Death Experience을 경험한 사람들이다. 급성 질병이나 사고로 갑자기 심장이 정지하고 호흡이 멈춰서 이미 사망 판정을 받은 상태에서 심폐소생술로 다시 살아난 사람들 중 10-20%가 그 현상을 겪는다고 한다. 근사 체험에 대해서 많은 사람이 관심을 두게 된 계기는 미국의 정신과 의사인 레이먼드 무디 주니어Raymond A. Moody JR.에 의해서다. 그는 8년 동안 근사 체험자 150명을 면담하여 그들의 증상을 기록했고, 1975년에 『죽음, 이토록 눈부시고 황홀한Life after life』이라는 책으로 출판했다. 임사 체험을 한 사람들은 공통적으로 유체이탈을 하고 터널을 지나며 빛을 체험하고 죽은 친족을 만나거나 파노라마처럼 인생을 회고했다고 한다. 보통 임사 체험을 하고 난 후에는 타인에 대한 동정심이 깊어지고, 용서하거나 돕고 싶다는 소망이 강해지는 등 긍정적으로 삶이 변화했다고 한다. 더러는 지옥의 세계를 향해 가는 듯한 부정적 경험을 하는 사람들도 있었지만, 오히려 타인을 돕고 살아야 행복해질 수 있다는 것을 깨닫는 계기가 되었다고 한다. 연구 대상자 대부분 임사 체험 후에는 이전의 삶과는 다른 태도로 일상을 살아가고 있었다.

갑자기 죽었다가 되살아난 이후부터 나는 과연 내가 한 일이 유익한 일이었는지, 혹은 나 개인만을 위한 것은 아니었는지 곰곰 숙고하게 되었다. 이전에는 순간적인 충동으로 행동했지만, 이제는 먼저 마음속으로 깊이, 천천히 생각해 본다. 무슨 일이든지 먼저 마음으로 생각하여 완전하게 파악하려고 한다.[61]

임사 체험자들의 삶이 변화된 가장 큰 원인은 사후 세계에 대한 믿음이 생겨 났기 때문이라고 생각한다. 죽음 이후의 세계에 대한 확신은 지금 우리가 여기서 사는 날 동안 무엇이 중요하고 어떻게 살아야 하는지를 진지하게 성찰하게 한다는 면에서 유익하다. 나사로처럼 완전히 죽었다가 다시 살아났든지, 아니면 임사 체험을 했든지 사람은 반드시 죽는다. 또한 죽었다가 다시 살아났다고 해도 그 기간에 무슨 일이 일어나는지 알 수 없다. 성경은 죽었던 기간에 겪은 경험에 관한 이야기에 대해서 침묵하고 있기 때문이다. 대신 하나님 나라가 이루어질 때 생명이 회복되는 현상에 초점을 맞추고 있다. 예수님의 죽음과 부활을 통해서 새로운 하나님 나라가 이미 시작되었다. 그 나라의 완성은 예수님이 다시 오실 때 이루어진다. 그동안 우리는 여전히 삶과 죽음을 경험한다.

그렇다면 하나님 나라가 완성되기 전에 우리가 죽는다면 어떻게 되는 것일까? 로마 가톨릭에서는 연옥이라는 곳이 있어서 죽은 후에도 지옥에서 벗어날 수 있는 기회가 한 번 제공된다고 가르친다. 불교에서도 윤회의 전생을 넷으로 나누어 생유(태아의 몸), 본유(나서부터 죽을 때까지의 몸), 사유(목숨이 끊어지는 찰나의 순간) 그리고 중유(죽음 이후 다음 생애까지의 몸)가 존재한다고 가르친다. 그래서 고인을 위해 살아 있는 사람들이 49재라는 의례를 통해 공덕을 쌓아 주면 좋은 세상에서 고인이 인간으로 다시 태어나게 된다. 하지만 이러한 연옥과 중유는 성경의 가르침과 상당히 다르다. 이 땅에서의 삶은 돌이킬 수 없고 한 번으로 끝이 난다. 한 번의 삶으로 내세가 결정된다. 내세를 믿지 않는 사람들은 현세의 삶이 죽음으로 끝난다고 믿기 때문에 더 이상 고민할 여지가 없을 것이다.

하지만 성경은 죽음이 끝이 아니며 사후 세계에 대해 분명하게 가르친다. 성경은 사람이 죽은 후의 상태를 '잠잔다'라고 묘사한다(단 12:2; 요11:11; 고전 11:30; 15:18; 15:20). 죽은 이후에 잠잔다는 것이 무슨 의미인지 정확히 알 수는 없다. 밤에 잠이 들어 아침에 깨어나는 시간 동안의 상태라고 생각할 수도 있겠지만 우리가 의식하지는 못할지라도 잠자는 동안 죽음과는 다르게 신체의 기능은 유지된다. 성경에 따르면, 예수님이 재림하는 날 잠자는 자들이 일어나게 될 것이다. 그렇다면 이미 죽은 자들은 꽤 긴 시간 동안 잠을 자고 있어야 하는 것일까? 잠자는 동안에는 의식이 없는 상태인데 그렇다면 죽은 후에 부활이 있을 때까지 우리의 영혼은 어떻게 되는가? 이런 까닭에 칼뱅은 우리의 영혼이 죽은 후에 실제로 아무런 의식 없이 잠자고 있다는 것을 인정하지 않았다. 오히려 고대 철학자들과 아우구스티누스가 믿었던 영혼불멸설을 주장했다.[62] 우리의 지각의 한계를 넘어 고려한다면 예수님이 재림하여 하나님 나라가 완성되기까지 물리적으로 꽤 긴 시간이 지날지라도, 하나님의 시간으로는 한순간일 수 있다. 성경은 시편 90편 4절에서 이렇게 말한다. "주의 목전에는 천년이 지나간 어제 같으며 밤의 한순간 같을 뿐임이니이다."

그리고 베드로후서 3장 8절에는 "사랑하는 자들아 주께는 하루가 천 년 같고 천 년이 하루 같다는 이 한 가지를 잊지 말라"라고 기록되어 있다. 허무하고 덧없는 인생을 묘사하는 것 같지만 한편으로는 하나님의 초월적인 시간 개념을 묘사하는 것으로도 볼 수 있다. 그렇다면 죽음 이후 잠자는 것은 죽은 모든 사람이 잠시 머무는 상태일 것이다. 전인이 죽음에 이르렀다가 다시 부활하기에 영혼이 불멸한다는 것은 모순처럼 보인다. 죽음 이후 부활 때까지 어떤 상태인지 우리는 정확히 알 수 없다. 하지만 분명한 것은 예수님이 다시 오시면 살아 있는 자들은 그 상태에서, 그리고 죽었던 모든 자는 잠에서 깨어나 부활하여 예수님 앞에 서게 될 것이다. 그리고 예수님을 영원한 생명의 주인으로 인정하고 그 생명의 나라에 참여하며 하나님의 집에 마련되어 있는 잔칫집에서 기쁨과 즐거움을 누리게 될 것이다. 반대로 예수님을 인정하지 않고 생명과 단절되어 죽음의 가치를 쫓아 살았던 사람들은 심판을 받아 영원한 죽음에 처하게 될 것이다.

> 이 말에 놀라지 말아라. 무덤 속에 있는 사람들이 다 그의 음성을 들을 때가 온다. 선한 일을 한 사람들은 부활하여 생명을 얻고, 악한 일을 한 사람들은 부활하여 심판을 받는다.
> 요한복음 5:28-29, 새번역

사도 요한이 환상을 통해 보았던 마지막 날에는 온 세상에 한 곳도 예외 없이 하나님 나라가 임하여 완전한 하나님의 통치가 이루어진다. 그 나라에서는 어떠한 죽음의 세력도 영향을 끼치지 못한다. 하나님으로부터 생명이 흘러나와 상처 입고 고통당한 사람들, 자연과 동식물들이 치유되고 회복된다. 고통을 겪거나 애통하는 일이 사라진다. 더 나아가 예수를 따랐던 우리에게 최고의 영광이 주어진다. 그것은 하나님이 우리를 하나님의 아들로 삼아 새 하늘과 새 땅을 주시고 다스릴 수 있도록 권한을 부여한 일이다. 하나님처럼 예수님과 함께 이 세상을 다스리며 생명을 값없이 나눠 줄 수 있는 권능을 우리에게 주겠다고 약속하셨다. 에덴동산에서 잃어버렸던 하나님의 대리자로서의 지위가 이제는 최상까지 상승하여 하나님의 아들로서 상속자가 된 것이다.

…이루었도다. 나는 알파와 오메가요 처음과 마지막이라. 내가 생명수 샘물을 목마른 자에게 값없이 주리니 이기는 자는 이것들을 상속으로 받으리라. 나는 그의 하나님이 되고 그는 내 아들이 되리라.
요한계시록 21:6-7

하나님의 집, 영원한 안식

에덴동산에서 최초의 인간이 타락하게 된 것은 자신들이 하나님처럼 되기를 욕망했기 때문이다. 그로 인해 하나님과 단절되었고 죽음이 들어와 세상을 악으로 물들게 했다. 그런데 하나님이 마지막 날에 하나님처럼 되고자 하는 인간의 욕구를 들어 주겠다고 하시는 것은 모순이 아닌가? 하지만 이 모순에 놀라운 비밀이 있음을 발견하게 된다. 앞부분에서 잠시 질문을 던졌던 내용이다. 왜 하나님은 우리가 타락할 수 있는 여지를 두셨을까? 그리고 그로 인해 죽음과 같은 고통을 왜 겪게 하셨을까?

인간이 인간다울 수 있는 것은 고통 때문이라고 생각한다. 동물들도 물론 신체적 고통을 느낄 수 있겠지만 표면적인 고통을 넘어서 마음과 영혼 깊은 곳까지 전 존재가 흐느끼며 신음하지는 않는다. 그래서 손봉호 교수는 그의 책 『고통받는 인간』에서 데카르트가 했던 "나는 생각한다. 고로 존재한다Cogito ergo sum"라는 말을 "나는 아파한다. 고로 존재한다Doleo ergo sum"로 바꾸어 인간의 실존을 고통받는 인간으로 묘사한다. 그리고 고통이야말로 쾌락의 경험보다 더 근원적이고 독립적이라고 강조한다.[63] 인간은 또한 고통에 대해서 감각적이고 정서적인 아픔을 느끼는 것뿐만 아니라 그 고통의 경험을 해석하고 그것에 의미를 부여할수 있다. 레비나스의 말대로 오로지 인간만이 내가 아닌 타자의 얼굴을 통해서 윤리적 책임을 느끼고 이웃의 고통에 공감하며 함께 애통할 수 있다. 그리고 고통의 문제를 해결하기 위하여 함께 연대하고 행동에 참여한다. 여기에 우리가 다른 피조물과 구별되는 하나님의 형상을 닮은 특성이 있다.

초월적 신이 심각하게 고통을 겪거나 죽는다면 그런 존재를 신이라고 믿을 수 있을까? 하지만 세상을 창조하신 하나님은 우리와 같은 성정으로 고통을 겪으셨고 죽임을 당하셨다. 이 또한 모순되지만 신비한 일이다. 죽음은 생명의 반대가 아니라 생명 안에 포함되어 있다. 생명은 죽음으로 인해 완전성을 갖는다. 생명이 죽음을 거부하는 것에서 그 의미가 드러나는 것이 아니라 죽음을 포용함으로써 생명의 온전한 의미가 드러난다. 나는 하나님이 단지 초월적 존재로 인간이 가질 수 없는 능력을 발휘하여 인간을 다스리는 존재였다면 그리스 신화에 나오는 신들과 별반 다를 바 없다고 생각했을 것이다. 하지만 하나님은 스스로 자신을 낮추어 피조물인 인간이 되셨고, 인간의 삶과 십자가의 고통과 죽음을 통해서 유한하고 고통받는 인간의 실존을 온전하게 이해하고 받아들이셨다. 우리는 그분처럼 고통과 죽음을 통해서 생명과 부활을 얻을 수 있다. 하나님의 지혜와 사랑이 이렇게 신비하며 깊고 놀라울 수 있을까! 이기적 욕망으로 가득하고 너무나 자기중심적인 우리에게 영원한 생명을 주시기 위해 하나님은 치욕스럽고 고통스러운 죽음을 선택했다. 신비롭고 아름답다는 표현 외에 달리 할 말이 없다. 그래서 예수님은 하나님이 어떤 분인지를 가장 적절하게 설명하기 위해 탕자의 아버지 이야기를 하셨을 것이다(눅 15:1-32).

탕자, 아들은 아버지의 명예를 실추시키고 아버지의 유산을 정리해서 고향을 떠났다. 그리고 자신의 욕망을 채우는 데 모든 재산을 방탕하게 써 버렸다. 호적에서 지워 버려도 시원치 않을 그가 고향으로 돌아왔을 때 아버지의 행동은 팀 켈러Timothy Keller가 표현한 대로 너무나 헤프고 주책없었다.[64] 돌아온 아들을 본 순간 자신이 누구인지를 잃어버릴 정도로 체면을 불고하고 달려가서 아들을 반갑게 맞아 주었다. 입맞춤도 하고 꼭 안아 주었다. 아버지는 잃어버린 아들을 되찾았다며 동네 잔치까지 연다. 하나님은 이 세상에서 죽음과 고통을 겪는 우리를 애타는 마음으로 기다리고 계신다. 그리고 죽음의 세력이 지배하는 세상 속에서 끝까지 하나님을 신뢰하고 인내하며 산 사람들을 자기 아들로 삼으시겠다고 약속하셨다. 하나님은 환상을 통해서 사도 요한에게 온 세상에 하나님의 통치가 이루어지고 새 하늘과 새 땅이 펼쳐질 것에 대한 계획과 비전을 보여 주셨다. 모든 영적 전쟁에서 최종적으로 승리를 거두신 후, 하나님은 믿음의 선한 싸움을 싸우며 죽음을 거쳐 온 백성에게 잔치를 베풀고 영원한 안식을 누리게 할 것이다(계 19:5-9).

영원한 안식은 어떤 것일까? 사실 우리는 안식, 하면 편히 쉬면서 더 이상 고통과 슬픔을 느끼지 않는 상태를 쉽게 떠올린다. 하지만 하나님 나라에서 안식은 하나님의 모든 피조물이 창조 질서대로 하나님의 성품을 드러내며 그 자체의 생명의 결실로 창조주 하나님을 찬양하는 것이다. 태초에 하나님이 세계를 창조하신 후 마지막 날에 취하셨던 안식은 그런 의미였다. 죄로 인해 깨어진 세상을 회복하기 위해 예수님은 그 일을 하심으로써 안식하셨다(요 5:14-18). 그렇다면 성경의 이야기를 통해서 우리가 만끽할 하나님 나라의 영원한 안식은 무엇인가. 우리는 하나님의 자녀로서 그 관계가 완전하게 확정되어 하나님과 온전한 생명의 관계를 누릴 것이다. 예수님을 통해 회복된 관계는 이 땅에서 살아가는 동안에는 아직 완전하지 않다. 하지만 하나님의 집에 들어간 이후에는 더 이상 그 어느 것도 우리를 그 관계에서 끊을 수 없다. 예수님으로 인해 우리가 하나님의 자녀로 확증될 것이기 때문이다. 또한 결혼식 잔치의 주인공처럼 지복의 기쁨을 누릴 것이다. 어린양의 혼인 잔치에서 신랑 예수님의 신부가 될 사람들은 이 땅에서 예수님을 끝까지 믿고 따랐던 그리스도인이라고 요한계시록은 말한다. 그 기쁨은 잠시 왔다가 사라지지 아니다. 예수님을 통해 주어진 생명의 포도주는 영원히 바닥나지 않기 때문이다. 마지막으로 온 세상을 사랑과 공의로 다스리시는 하나님의 통치에 만물이 참여할 것이다. 만물을 회복하고 새롭게 창조하는 일은 하나님이 안식하는 방식이다. 그분이 창조하신 목적대로 피조물이 질서 있게 하나님의 성품을 드러낼 때 하나님은 안식하신다. 하나님의 안식에 참여할 때 우리도 진정한 안식을 누릴 수 있을 것이다.

마지막 숨을 쉬는 죽음의 순간에 우리는 어떤 경험을 하게 될까? 그 순간을 우리는 어떻게 받아들여야 할까? 장애인들이 살고 있는 라르쉬 공동체에서 사제로 사역했던 헨리 나우웬Henri Jozef Machiel Nouwen의 저작 중에 『죽음, 가장 큰 선물』이라는 책이 있다. 그 책에 한 이야기가 나온다. 엄마의 뱃속에 이란성 쌍둥이가 자라고 있다. 오빠는 그곳이 너무 좋았다. 조금 어둡기는 했지만, 항상 영양분이 공급되고 따뜻하고 포근해서 그곳에 계속 살기를 원했다. 하지만 동생은 그곳이 전부가 아니라 또 다른 세계가 있는 것 같았다. 가끔 그 세상 너머에서 뭔가 자신들을 쓰다듬는 손길이 느껴지기도 하고 소리도 들리는 것 같았다. 오빠에게 이 세상 너머에 또 다른 세상이 있다고 말할 때마다 무시당했지만 끝까지 믿었다. 어느 날 아주 답답하고 불쾌한 기분이 들기 시작했다. 무언가 꽉 조여 오는 느낌이었고 매우 고통스러웠다. 그 고통이 지나가자 새로운 세상에 나오게 되었고 가장 사랑스러운 눈빛과 표정으로 자신들을 바라보는 엄마 아빠를 볼 수 있었다. 이와 같이 우리의 죽어 감은 마치 산통과 같다. 우리는 하나님의 집에 가기 위해 이 땅에서 잠시 고통의 시간을 겪고 있는 것이다.

모세가 고백했던 것처럼(시 90:1) '하나님이 우리의 거처가 되심'을 경험하며 살아가고 있다면, 이미 우리는 충만하고 영원한 안식을 맛보고 있는 것이다. 그런 면에서 하나님 나라에서의 안식은 이미 시작되었다. 그러므로 우리는 이 땅에서 겪고 있는 죽음과 고통의 한계를 나를 완성하고 하나님의 형상을 닮아 가는 과정으로 여기고 끝까지 인내하며 살아가야 한다. 이런 말들이 극심한 고통을 겪고 있는 사람들로부터 오히려 반감을 살지 모르겠다. 고통의 순간에는 어느 사람도, 무엇이라도, 어떤 말로도 도움이 되지 않을 때가 있다. 오롯이 내가 겪어야만 하는 것이기 때문이다. 하지만 하나님은 우리를 고통만 겪으며 살아가도록 내버려 두지 않는다. 인내의 시간이 지나고 평화의 때가 찾아오면 우리는 한층 성숙해 있을 것이다. 죽음이 다가올수록 살아온 날들을 회상하며 내 인생의 중요한 퍼즐 조각을 해석하고 그것들에 나름의 의미를 부여해 보자. 죽음과 같은 고통의 시간들을 지우고 싶겠지만, 그 모든 것을 생명을 움틀 수 있는 창조의 시간으로 탈바꿈해 주신 하나님의 지혜를 발견해 보자. 이러한 인생의 기록들이 부활 이후 우리가 하나님 앞에 보여 줄 이야기들이다. 생명의 부활을 소망하는 이들은 지나온 삶을 성찰하며 하나님께서 모든 순간에 우리를 도우셨다는 사실을 깨닫고 하나님의 섭리를 마주하게 될 것이다. 그리고 마지막 숨을 거두는 순간까지 생명을 누리며 살게 될 것이며 죽음을 새로운 생명의 시작으로 받아들이게 될 것이다.

부록:

인생 서사 쓰기

인생 서사를 쓴다는 것

어떻게 인생 서사를 써야 할까? 성경은 여러 인물의 삶을 통해서 좋은 서사의 모델들을 제시한다. 교회를 오래 다녔던 사람이라면 노아, 아브라함, 이삭, 야곱, 요셉, 모세, 다윗의 이야기를 자주 들어서 이들이 누구이고 어떻게 살아왔는지를 다른 사람들에게도 잘 이야기할 수 있을 것이다. 심지어 그들이 왜 이런저런 사건을 겪었는지도 해석해서 설명하고 그것이 어떤 의미를 지녔는지도 풀어낼 수 있을 것이다. 서사를 만든다는 것은 바로 이와 같다. 없는 이야기를 지어내는 것이 아니라 실제 일어난 사건들을 하나님의 대서사 안에서 해석하고 의미를 발견하는 측면에서 또 다른 창조의 작업이다. 서사 작업은 하나님 안에서 자기 존재의 실제實際를 살리는 것이다. 세속화된 사회는 어린아이들과 노인들, 신체와 정신의 기능이 온전하지 못하거나 경제적 약자들을 쓸모없는 존재로 취급하거나 기억하려 하지 않는다. 나이가 들어가는 노인들은 더욱 사회적 짐으로 취급된다. 그럴수록 우리는 위축되지 말고 오히려 내가 살아온 삶을 잘 다듬어서 부활시켜야 한다. 우리의 삶은 그 자체로 가치가 있고 의미가 있다. 살아온 만큼 인생의 역사가 있고 지혜의 샘물이 깊어진다. 살아 있는 동안 수명이 다할 때까지 조금 더 하나님의 형상을 닮은 사람으로 자아를 완성해 가며 후대에 지혜의 샘을 전해 줄 수 있다면, 그 인생 여정은 생명으로 충만한 삶이었다고 말할 수 있을 것이다. 바울이 바랐던 것처럼 우리는 온전한 사람을 이루어 그리스도의 장성한 분량에 이르기까지 자라도록 힘쓰며 살아가야 한다 (엡 4:13).

생명이 충만한 인생 서사 쓰기

그리스도인들에게는 하나님과의 사귐이 인생 여정에서 매우 중요하다. 초월적인 하나님을 일상에서 경험하는 것은 언뜻 보기에 불가능하거나 이해되지 않을 수도 있다. 하지만 성경은 인간으로 현현한 하나님의 실체를 알게 되고 그분의 성품을 경험할 수 있다고 가르친다. 그 증거가 바로 성육신하신 예수님이며 그가 우리를 대신하여 죽임을 당하기까지 보여 주신 사랑이다. 더 놀라운 것은 성령님을 통해서 우리가 성부와 성자 하나님을 일상에서 경험할 수 있게 된 것이다. 성령님은 하나님의 영이며 하나님과 동일한 인격이다. 그분이 영으로 존재하기에 모든 그리스도인이 하나님을 만날 수 있고 그분과 동행하며 사귈 수 있는 것이다. 하나님과 이러한 사귐을 전제로 우리의 인생 여정을 성찰한다면 우리의 서사는 더욱 풍성해지고, 우리가 살아온 삶은 더욱 충만해질 것이다.

하나님과 사귐의 여정을 이야기로 써 내려갈 때 염두에 두어야 할 것이 있다. 첫째는 우리의 인생 여정이 언젠가는 반드시 죽음이라는 종착역에 도달하게 된다는 사실을 잊지 않는 것이다. 우리는 피조물로서 유한한 존재, 곧 죽는 존재로서 인생의 끝을 생각해야 한다. 하나님은 우리에게 살아갈 날들의 시작과 끝을 정해 두셨다. 둘째는 정해진 날들을 살아가는 동안 우리의 인생이 파란만장한 굴곡이 있다는 것을 인정해야 한다. 우리의 인생에는 행복한 순간보다 실패와 수치, 절망과 슬픔의 시간들이 훨씬 많다. 죄를 짓는 인간은 구원의 여부를 떠나 '고통 받는 인간'65으로 살아갈 수밖에 없다. 이와 비슷하게 불교에서도 모든 것이 고통, 곧 일체개고一切皆苦이며 원인이 탐진치貪瞋痴에서 비롯한다고 말한다. 이기적인 욕망貪과 분노瞋와 무지痴 때문에 우리의 삶이 본질적으로 고통으로 가득 차 있다고 가르친다. 하지만 성경은 고통의 원인이 근본적으로 하나님의 존재와 그분의 권위를 무시하고 자기 스스로 삶의 주인으로 행세하며 살아온 결과라고 가르친다. 하나님은 우리에 대한 사랑을 포기하지 않았기 때문에 죽음과 같은 고통스러운 현실 속에서도 그저 고통에 머물러 있기보다는 우리가 행복을 누리기를 원하신다. 그래서 우리는 죄로 인한 죽음의 현실을 인정하면서 하나님이 주신 생명을 기대하며 살아갈 수 있다. 이런 기대를 가지고 우리는 부끄러운 과거의 사건과 경험들을 솔직하게 이야기 안에 담아내야 한다. 오히려 그러한 이야기가 생명의 밑거름이 된다. 마치 한 알의 밀알이 생명을 움트기 위해 땅 속에 묻혀 있는 것처럼 말이다. 성경을 읽다 보면 다른 종교의 경전에서 찾아볼 수 없는 수치스럽고 부끄러운 이야기가 많다. 이런 이야기가 훨씬 실제적이고 신비롭다. 악하고 부정적인 사건들을 선하고 성숙한 성장의 열매로 바꾸시는 하나님의 은혜를 느낄 수가 있다.

그리고 셋째는 살아온 날들을 기억하고 성찰하는 것이다. 성찰을 통해서 인생의 가장 소중한 것이 무엇인지 발견할 수 있다. 수치스러운 일이든 자랑스러운 일이든 모든 사건과 그것에 대한 경험은 현재의 나를 존재하게 하는 요소들이다. 현재를 기준으로 그때의 경험을 해석하고 그것에 의미를 부여하는 일이 중요하다. 수치스러운 기억을 떠올리다 보면 안타까움과 후회가 동시에 밀려올 수도 있다. 성찰을 하게 되면 나에게 정말 중요한 것이 무엇이었는지를 알게 되고 앞으로 하나님과 더욱 깊은 사귐으로 들어가 나를 나답게 만드는 방법들을 발견하게 될 것이다. 넷째는 언젠가 다가올 인생의 마지막을 준비하는 것이다. 우리가 이 땅에서 살면서 누리는 최종 목표는 충만한 삶을 통해 자아를 초월하고 완성하는 일이다. 자아를 초월한다는 것은 과거의 경험들을 그대로 수용한다는 뜻이다. 실패와 성취, 수치와 명예, 기쁨과 고통 등 서로 적대적인 모든 경험과 감정이 하나로 통합되는 일이다. 수용하고 통합되는 과정에서 자기 존재는 더욱 성숙해지고 온전해진다. 더군다나 서사로 남겨질 삶의 이야기가 나의 존재와 인생을 더욱 값지게 한다. 서사를 잘 쓰기 위해서 무엇보다 성경에서 충만한 인생을 살았던 인물들의 서사를 살펴보는 것이 유익하다.

모세의 서사가 보여 준 충만한 삶

모세는 방대한 양의 서사를 남겼다. 하나님의 창조 이야기에서 이집트의 노예 생활을 하던 히브리 민족을 구출해서 가나안으로 인도하기까지의 여정을 이야기로 남겼다. 그 책들이 모세오경이다. 이 책을 전부 살펴보기보다 시의 형식으로 자신의 인생 여정의 성찰과 인생에 관한 깊은 지혜를 표현한 서사시를 살펴볼 것이다. 그 시가 바로 시편 90편이며 이 시에 모세의 인생 이야기가 함축적으로 잘 표현되어 있다. 이 시를 썼던 시기는 모세가 인생의 종착지, 곧 자신의 인생 여정을 마무리하는 시점이었다고 볼 수 있다. 시의 내용을 보면 다음과 같다. 자신의 지난 삶을 회고하며 어느 정도 인생의 의미를 깨달았던 모세는 그 의미를 더 깊이 알고자 지혜를 간구한다. 또한 자신의 인생에서 가장 소중한 것을 발견하고 끝까지 그것을 놓치지 않고 살아가기를 희망한다. 그리고 하나님의 은혜로 애써 온 수고들이 헛되지 않도록 이후의 여정도 지켜 주기를 바라며 마지막 인생 여정을 준비하고 있다. 이 시에서는 앞서 설명한 염두에 둘 인생 서사의 내용들을 적절하게 담고 있어서 좋은 서사의 본보기가 될 수 있을 것이다.

인생의 의미 알아가기

"우리에게 우리 날 계수함을 가르치사 지혜로운 마음을 얻게
하소서!"

시편 90:12

우리는 이 구절을 통해서 모세가 인생 여정 동안 항상 마음에 두
었던 것이 무엇인지를 짐작하게 한다. 그는 무엇보다도 인생에
대해서 잘 알고 싶어 했다. 모세에게 있어서 인생을 안다는 것은
지혜로운 마음을 갖는 것을 뜻했다. 다른 영어 번역에서는 인생
을 지혜롭게 사용하는 법을 알게 해 달라고 표현하기도 한다. 바
울이 가르쳤던 "세월을 아끼라"(엡 5:16)는 말과 의미가 비슷하
다. 인생을 계수하는 것을 잘 아는 것이 지혜이며 지혜로운 마음
을 가진 자가 인생을 잘 계수할 수 있다는 뜻으로 해석할 수 있
다. 오히려 그가 이런 마음을 지녔기에 이미 지혜가 있었고 그 마
중물 같은 지혜로 더 깊은 지혜를 갈구했을 것이다. 그렇다면 '우
리 날을 계수한다는 것'은 무엇을 뜻하는가? 이 말속에는 인생에
관한 두 가지의 중요한 의미가 내포되어 있다.

첫째는 우리가 유한한 존재라는 사실을 말해 준다. 모세는 우
리의 인생이 연수가 정해져 있으며 보통 70년을 살고, 건강할지
라도 80년을 산다고 표현했다(10절). 요즘은 100세까지 사는 사
람들이 많다. 모세도 120세까지 살았다. 하지만 분명한 것은 반

드시 우리의 인생은 끝이 있고 우리는 유한한 인간이라는 사실
이다. 우리는 인생의 시작과 끝이 정해진 피조물이다. 인생이 끝
나면 흙으로 지어졌기에 티끌로 돌아가야 할 운명을 지녔다. 모
세는 시에서 우리의 인생이 이 땅에 머무르는 시간이 마치 천년
이 한순간에 지나가듯 하다고 묘사한다. 아침에 풀이 꽃을 피웠
다가 저녁에 시들어 말라 버리듯 허무하게 끝나 버린다.

  예전부터 사람들은 영생에 대한 기대와 믿음이 컸다. 진시황
은 불사에 대한 열망이 강하기로 유명한 왕이었다. 제나라 출신
서복에게 불로불사약을 구해 오도록 보냈지만 결국 그를 기다리
다 50세 나이에 죽고 말았다. 서복은 당시 불로초를 구하기 위
해 한반도에도 머물렀다고 한다. 현대 과학 기술의 발달로 인해
서 사람들은 우리의 생명이 점점 영원에 다다를 수 있을 것이라
고 기대한다. 신디사이저로 유명한 커즈와일KURZWEIL 악기 회
사를 운영하는 레이몬드 커즈와일은 2045년이 되면 우리의 생
명이 영원히 지속될 수 있는 기술이 개발될 것이라고 예측했다.
컴퓨터 과학자인 그는『특이점이 온다』라는 자신의 책에서 인공
지능AI이 인간의 지능을 넘어서는 시점이 오게 되는데 그 시점이
2045년이며 그때부터 폭발적인 지능의 발전이 일어난다고 주장
한다. 또한 얼마 지나지 않아 유전자 가위가 발명되어 특정 DNA
의 부위를 자르는 유전자 편집이 가능하게 될 것이다. 그렇게 되
면 병의 원인이 되는 돌연변이 유전자를 싹둑 잘라 내버릴 수 있
다. 또한 나노 기술은 보이지 않을 만큼 미세한 로봇을 만들어 우

리 신체에 들여보내 아픈 부위를 치료할 수 있게 된다. 심지어는 뇌의 기억을 정보화해서 저장할 수도 있다.[66] 그렇게 되면 한 개인의 기억을 고스란히 담고 있는 인공지능 로봇에 그 개인과 닮은 형체를 만들어 영구히 살 수 있지 않을까, 내다보고 있다. 하지만 이러한 기대에도 불구하고 인간으로서의 생명은 우리가 현재 살아가고 있는 세계에서는 유한하다고 성경은 가르친다. 결국 우리는 예외 없이 모두 죽는다. 모세는 이 진리를 잘 알고 있었다.

둘째는 우리의 인생이 매우 다양한 삶의 굴곡이 있다는 것을 말해 준다. 모세는 인생의 자랑은 수고와 슬픔뿐이라고 표현한다(10절). 우리는 잘 살아 보려고 많은 수고와 노력을 한다. 부모 세대들은 가족의 생계와 자녀들의 교육을 위해서 험한 일을 마다하지 않고 고생하며 살아왔다. 지금 청년들은 취업을 위해 너무나도 많은 에너지를 쏟고 있다. 엄청난 노력을 해도 취업에 실패하거나 여러 사업을 시도하지만 많은 경우 좌절을 경험한다. 어렵게 찾아온 기쁨과 행복 또한 잠시 머물다가 사라지는 안개와도 같다.

모세는 어린 시절 부모와 헤어져야 했고, 비록 이집트의 궁전에서 생활했지만, 정체성이 혼란한 시기를 보내야 했다. 자신의 조국을 위해 행동하다가 살인자로 내몰려 쫓기는 신세가 되고 말았다. 하필 아무런 능력도 없이 늙어 버린 나이에 하나님은 다시 모세를 이집트로 이끌어 이스라엘 백성을 구원하라고 명하셨다. 그 명령을 따라서 모세는 오합지졸인 이스라엘 백성을 이끌고 광야로 나온다. 틈만 나면 하나님을 원망하고 죄를 짓던 백성을 인도하는 일은 무척 고되었다. 머물 곳 없이 광야에서 떠돌던 40년의 세월은 고난의 행군이었다. 자신만을 위한 인생은 없었다. 광야를 지나면서 가족들만 오붓하게 지내는 행복한 시절은 없었다. 오로지 사명을 이루기 위해 살아온 고되고 거친 삶이었다. 죽음과 같은 고난의 시간을 걸어왔던 것이다.

「국제시장」이라는 영화는 한 사람의 굴곡진 인생 여정을 잘 보여 준다. 주인공 덕수는 1·4후퇴 때 흥남부두에서 막냇동생을 잃어버리고, 그녀를 찾기 위해 떠나야 했던 아버지와 헤어졌다. 헤어지면서 아버지는 어린 덕수에게 부탁한다. "너는 장남이니까 가족을 꼭 잘 챙겨야 한다." 아버지가 일러 준 대로 어머니와 동생과 함께 부산 꽃분이네를 찾아간다. 꽃분이네를 거처 삼아 아버지로부터 받은 소명을 위해서 온갖 고생을 감내하며 살아간다. 선장이 되고자 했던 꿈도 접고 남동생을 대학에 보내기 위해 독일 광부가 되고 여동생 시집 보내기 위해 월남 전쟁터에서 돈을 벌다가 죽을 고비를 넘긴다. 혹시나 아버지가 돌아오실까 하여 꽃분이네 가게를 끝까지 팔지 않고 지킨다. 마침내 이산 가족 찾기 행사를 통해서 헤어졌던 막내 동생도 찾게 된다. 어느 날, 온 가족이 모여 즐겁게 시간을 보내고 있는데 덕수는 조용히 그곳을 빠져나와 홀로 지난날을 회고한다. 아버지 사진을 바라보며 아버지가 부탁한 일을 해내느라 정말 힘들었다고 말한다. 그리고 아버지 사진을 부여안고 펑펑 운다. 영화의 전체 이야기는 덕수라는 한 인물을 통해서 우리의 부모 세대들이 겪었을 수고와 고난의 인생을 잘 반영해 준다. 나의 아버지도 격변의 시기를 거치는 동안 수고와 슬픔의 인생을 살아오셨다. 1920년대 후반에 농촌에서 태어나 일제강점기의 혼란한 상황 속에서도 열심히 공부하며 유학의 꿈을 키워 오셨다. 하지만 6·25사변이 발발하게 되자 군인으로 참전하게 되었고 전쟁 후에는 가족의 생계를 위해 모든 꿈을 포기하며 농촌에서 고된 인생을 살아오셨다.

모세가 살아온 삶의 여정을 통해서 깨우친 것은 우리의 인생은 반드시 끝이 있고 또한 그 인생의 자랑은 그저 수고와 슬픔이라는 것이다. 이것이 모세가 말하고 싶은 인생을 계수한다는 것의 의미다. 하지만 모세는 여기서 그치지 않는다. 그는 이미 자신이 깨달은 인생의 의미를 계속해서 더 깊이 알게 해 달라고 간구한다. 여기서 사용된 '가르치다'라는 단어의 원래의 뜻은 경험이나 인격적 관계를 통해서 철저히 알아가는 의미('야다으'의 명령형 '호다으')가 담겨 있다. 아담이 하와를 알았다고 했을 때 사용된 언어이며 이스라엘과 하나님의 인격적 관계를 표현할 때도 이 단어를 사용했다. 그러니까 우리 인생 여정의 모든 경험을 통해서 인생의 의미와 본질을 알게 해 달라고 한 것이다. 인생의 끝이 있다는 사실과 그 인생의 본질이 수고와 슬픔이라는 진실을 알아가는 것을 마치 친밀한 연인 관계처럼 우리의 일상을 통해 항상 기억하고 알아가기를 원했던 것이다. 인생을 계수하는 것은 단순히 단일적 지식 전달의 차원에서 얻어지거나 한두 가지 사건의 경험이나 학습을 통해서 이루어질 수 있는 성질의 것이 아니다. 매 순간이 인생의 지혜를 배울 수 있는 기회다.

메멘토 모리Memento mori라는 라틴 말이 있다. 로마 공화정 때 전쟁에서 승리한 개선장군이 시내의 대로에서 행진했다. 장식한 마차 위에서 월계관을 쓰고 수많은 군중의 환호를 받으며 지나간다. 시민들은 장군 만세를 외치며 그의 명예를 드높인다. 여기서 특별한 로마의 문화를 한 가지 엿볼 수 있다. 개선장군 뒤에서 월계관을 받쳐 든 노예가 있었다. 그 노예는 수시로 군중의 환호 소리가 커질 때마다 "메멘토 모리"라고 속삭였다고 한다. "당신은 한낱 인간에 불과합니다. 죽음을 기억하십시오!" 모세는 시를 통해서 후대에 이렇게 말하고 있는 듯하다. "메멘토 모리! 너희는 한낱 피조물인 인간에 불과하다. 죽음을 기억하라!" 모세는 항상 인생의 의미를 잊지 않고 그 의미를 더욱 깊이 알도록 하나님께 지혜를 달라고 간구했다.

모세는 자신의 인생 여정을 되돌아보며 인생이 무엇인지 깨닫게 되었다. 그리고 그 지혜를 이 짧은 시에 함축적으로 담아냈다. 우리도 나의 서사 안에서 깨달았던 인생의 지혜를 담아낼 수 있다. 아마도 개인의 삶의 정황이 달라서 독특하고 다양하게 표현될지라도 하나님과 사귐 안에서 경험했던 인생의 의미가 대부분 비슷하지 않을까 짐작할 수 있다.

가장 소중한 삶의 가치 발견하기

이 시를 살펴보면 모세가 가나안에 들어가기 직전 그동안 살아왔던 120년의 세월을 되돌아보고 그의 인생에서 가장 소중한 것을 발견했다는 사실을 알 수 있다. 이 시의 1절에 '하나님이 우리의 처소dwelling place'가 되었다고 고백한다. 그에게 하나님은 안식처였고 힘의 원천이었다. 아무런 생명이 없는 광야, 죽음과 불임의 땅에 하나님이 친히 내려오셔서 성소를 마련하고 그곳에 거처를 삼으셨다. 그리고 이스라엘 백성에게 하늘에서 만나를 내리고 반석에서 강물이 흐르게 하여 먹이셨고 불기둥과 구름기둥으로 사막의 길을 인도하셨다. 이러한 경험은 자기 삶의 여정에서 깨달은 보물과도 같은 것이기에 앞으로 살아가면서 절대로 포기하지 않을 것이다. '하나님이 우리의 처소'라는 개념은 성경 전체를 관통하는 핵심이다. 이는 에덴동산에서부터 시작해서 이스라엘 나라 한가운데 있었던 성막(이후 솔로몬의 성전), 그리고 예수님의 죽음과 부활을 통해서 우리의 심령과 관계의 중심에 거하게 된 성령의 임재까지 하나님 나라가 이루어지고 펼쳐지는 방식이다. 하나님은 '임마누엘'의 이름을 가진 메시아가 태어날 것을 약속하시며 구원이 이루어지고 죽음의 세상에 충만하게 생명을 가져다줄 하나님 나라가 새롭게 시작될 것이라고 하셨다(사 7:14). 임마누엘은 '하나님이 우리와 함께 계시다'는 의미이며 모세가 경험했던 하나님이 우리의 처소라는 말과 동일하다.

그동안의 경험을 통해 확신하게 된 이러한 믿음은 모세가 이스라엘을 이끌고 가나안으로 인도하는 데 엄청난 힘이 되었다. 앞으로도 수많은 장벽과 도전이 남아 있다. 주변 나라들의 위협을 뚫고 나가야 했다. 하지만 그와 이스라엘 백성은 무기력하고 지쳐 있었다. 그럼에도 불구하고 그들은 실망하지 않고 용기를 내어 앞으로 가야 할 길을 준비했다. 하나님이 우리의 처소가 되었다는 경험이 있기에 확고한 믿음으로 자신에게 주어진 길을 갈 수 있었다. 그리고 자신의 죽을 것을 대비하여 다음 세대의 지도자를 세우고 백성에게 강한 믿음을 가지며 앞으로 정진할 것을 당부했다.

우리도 그동안 살아온 삶의 발자취를 되돌아보면서 가장 소중한 것이 무엇인지를 발견할 수 있다. 과거를 성찰하는 일은 바로 그 소중한 것들을 찾기 위한 작업이다. 우리가 선택했던 결정들이 당시에는 최선이라고 생각했지만 지금 보면 아쉽거나 후회스러운 일들이 있다. 이를 잘 성찰하지 않으면 현재의 삶에서도 배울 수 없고 소중한 것을 놓치고 살아갈 수 있다. 어떤 경우에는 오히려 왜곡된 감정과 잘못 형성된 습관들이 놓치지 않아야 할 소중한 것들과 우리를 더욱 멀어지게 하고 우리의 삶을 힘들게 할 수도 있다. 그렇게 되면 모든 것을 잃고 인생의 종착역에 이르러서는 죽음의 횡포에 허무하게 당하며 생을 마감하게 된다. 우리는 과거로부터 소중한 것을 되찾아야 한다. 현재를 살아가는 것은 그 소중한 것을 위함이다. 미래는 그 소중한 것을 놓치지 않기 위한 준비를 의미한다. 현재의 시점에서 지난 인생 여정을 회고하며 서사를 쓸 때, 하나님이 우리 각자에게 주신 가장 소중한 것이 무엇인지 깨닫게 될 것이다. 그리고 하나님은 우리로 하여금 삶의 소중한 일들을 놓치지 않고 살아갈 수 있도록 지혜와 용기를 주실 것이다. 그렇게 되면 마침내 다가올 인생의 종착역에서 두려움 없이 다음 생을 맞이할 준비를 하게 될 것이다.

아름다운 삶의 마무리

모세의 인생 여정은 마무리가 아름다웠다. 이 시의 16-17절을 보면 자손들을 위해 기도하고 있는 것을 볼 수 있다. 그동안 그들이 해 왔던 일을 평가하며 견고하게 유지되도록 간구하고 있다. 여러 우여곡절이 있었지만, 모세와 그의 세대들이 이스라엘 나라를 세우기 위해 피땀을 흘리고 수고했다. 모세는 그 수고의 토대 위에 앞으로 후손들이 가나안 땅에서 더욱 견고하게 하나님 나라를 세우고 생명의 풍성함이 주는 기쁨과 안식을 누리기를 구하고 있다. 이제 마지막으로 자신에게 해야 할 일이 있다면 이스라엘 후손들이 가나안 땅을 정복하고 정착하도록 인도할 새로운 리더십을 세우는 일이었다. 출애굽 1세대 중 유일하게 살아남은 여호수아와 갈렙이 있었는데, 그동안 자신의 신복으로 지도자 훈련을 잘 수행해 왔던 여호수아에게 리더십을 넘겨주었다. 인생의 끝이 있다는 사실을 알고 삶의 가장 소중한 가치와 의미를 발견했다면, 우리는 아름답게 인생을 정리할 수 있는 지혜 또한 얻게 될 것이다. 그의 서사시 마지막은 하나님의 은총을 구하며 끝을 맺는다. 모세는 항상 하나님과 동행하며 경험했던 지혜와 온유함을 가지고 아름답게 마지막 인생을 마무리한다.

서사의 내용과 작성 방법

현재를 기준으로 과거를 성찰하고 미래를 소망하기

모세의 서사에서 알 수 있듯이 자신의 이야기는 결국 겉으로 보이는 세속적 성공이나 업적을 자랑하는 것이 아니라 진정한 나를 발견하고 회복하며 완성하는 여정이 되어야 한다. 내가 어떻게 살아왔는지 기억하고 기록하는 것은 나의 존재를 보여 주는 것이나 다름없다. 거짓되거나 포장된 이야기는 내가 아니다. 현재의 모습은 내가 살아왔던 삶의 여정을 그대로 반영한다. 죽음의 문화는 나 자신을 거짓과 가식으로 꾸미도록 할 것이다. 진실한 삶의 이야기를 써 나가야 우리는 결국 아름다운 결말을 맺을 수 있다. 하지만 막상 나의 이야기를 쓰는 일은 쉽지 않다. 나의 인생 여정 중 어떤 이야기를 다룰 것인가? 어떤 식으로 이야기를 정리할 것인가? 고민될 수 있다. 기억나는 대로 예전의 경험을 회상하여 쓸 수도 있겠지만 그렇게 되면 두서없는 넋두리처럼 우리의 인생이 의미 없이 묻힐 수 있다. 사실 서사를 만든다는 것은 나의 존재를 새롭게 정립하는 것이나 다름없다. 완전히 다른 나를 만드는 것이 아니라, 잊혔던 기억을 되살려 그것들로 '나다움'을 온전하게 형성하는 것이다. 우리의 인생은 과거, 현재, 미래로 이어진다. 그동안 살아왔던 기억이 있고 그 삶의 연장으로 현재를 살아가며 미래를 준비한다. 최종적으로 우리는 예외 없이 죽음이라는 종착역에 도착한다. 그렇기 때문에 서사는 시간의 측면에서 현재를 기준으로 과거를 성찰해야 한다. 과거의 이야기가 현재의 나에게 어떤 의미가 있는지 재해석하는 것이 필요하다. 그리고 미래에 맞이할 죽음 앞에서, 동시에 하나님 앞에서 보여 줄 참된 나의 존재의 모습을 소망하며 이야기를 써야 한다. 그런 면에서 내가 미래를 향해 가는 것이 아니라, 미래의 이야기가 지금 나에게로 오는 것이다. 나의 이야기를 쓸 때 몇 가지 살펴야 할 것들이 있다.

1. 시기와 배경을 기록한다.
2. 사건의 자초지종을 육하원칙에 맞게 사실대로 적는다.
3. 현재의 상황에서 과거의 경험을 해석하고 의미를 찾아본다. 의미를 발견하기 힘들다면 굳이 하지 않아도 된다. 하지만 과거의 경험이 현재의 나에게 어떤 영향을 미쳤는지를 생각해 보는 것이 중요하다.
4. 해석된 과거의 경험이 앞으로 살아갈 인생에 어떻게 작용할 것인지 생각해 보고 나와 공동체를 위해 무엇이 중요한지 찾아보자.

아주 간단한 방법으로 인생 돌아보기를 한다면 인생 그래프를 그려 보는 것도 좋다. 즐겁고 행복했거나 영적으로나 심리적으로 충만했던 순간들은 그래프 위 어느 점에 있을 것이다. 반면에 실패와 좌절, 불행한 사건으로 고통을 경험했거나 영적 침체에 빠졌던 순간들은 그래프 아래의 어느 점에 있을 것이다. 점들을 선으로 연결하면 위아래로 물결치듯이 우리의 인생이 굴곡이 많았다는 사실을 알게 될 것이다. 그래프 아래 여백에는 글로서 그 사건들의 기억을 기록하고 성찰하는 내용을 적으면 좋다.

나의 이야기로 예를 들면, 나는 대학을 졸업하고 여러 선택의 상황이 있었지만, 삼성화재에 입사했다. 그리고 젊은 나이에 영업소 소장으로 발탁되어 근무했다. 2년 정도 즐겁게 회사 생활을 하다가 사표를 내고 선교사가 되기 위해 WEC국제선교회에 지원했다. 이런 선택은 나의 인생 여정에서 아주 중요한 전환점이 되는 순간이었다. 하지만 여기까지의 이야기는 단순한 사건의 기록이다. 이 짧은 이야기에는 나만이 발견할 수 있는 의미가 있다. 겉으로 보기에는 선교사가 되기 위해 대기업의 좋은 직장을 내려놓은 듯해서 훌륭한 신앙을 가졌다고 평가할 수도 있을 것이다. 하지만 지금의 상황에서 돌이켜 보면 당시 하나님 앞에 섰을 때 밖으로 드러나지 않는 진실이 있었다는 사실을 발견하게 된다. 그때의 나의 영적 상태, 생활 환경, 회사의 업무 강도와 회사 분위기, 선교사가 되겠다고 결정한 진짜 이유 등 단순히 선교사가 되기 위해 사직했던 선택 이면에 하나님 앞에서 해석해야 할 많은 진실이 숨겨져 있었다.

　인생을 돌아보며 성찰할 때 무엇이 진실이고 중요한지를 알게 된다. 지금의 나를 존재하게 만든 다양한 사건의 경험들이 새롭게 다가온다. 또한 당시에는 소소해서 그냥 지나쳤던 일들이 인생 전체를 놓고 보면 너무나 소중한 것들이라는 사실을 깨닫게 된다. 반면에 남들이 하찮다고 여겼지만 중요한 것을 잘 붙들고 살았다면 비록 삶이 고되고 힘들었을지라도 나 자신이 대견스럽게 여겨진다. 서사 작업은 자신을 재발견하는 것이다. 이렇게 해석되고 의미가 부여된 이야기의 조각들이 인생 전체의 이야기로 엮이면 충만한 생명이 깃든 보석 같은 서사가 된다.

생애 주기별 단계에 따른 인생 서사 쓰기

인생 그래프를 그리며 그때의 기억을 되살려 성찰하는 것으로도 매우 의미 있는 일이다. 하지만 조금 더 긴 시간을 두고 계속해서 자신의 이야기를 쓰는 것이 중요하다. 그리고 굳이 문학 양식을 맞추지 않더라도 구체적인 기억들을 체계적으로 기록한다면 좋은 작품이 될 수 있을 것이다. 태어난 때부터 살아온 날까지 인생 전체의 서사를 체계적으로 작성하기 위해서는 생애 주기별로 자신의 이야기를 기록하는 것이 좋다. 생애 주기life cycle는 일평생을 놓고 보았을 때 일정한 형태의 삶의 기간이 여러 세대에 거쳐 발달 단계를 보이면서 반복되어 나타나는 것을 말한다. 생애 과정life course의 방법으로 서사를 작성할 수도 있지만 일정한 기간의 반복된 삶의 형태를 설명하기에는 생애 주기가 더 적절해 보인다. 심리학자이자 정신분석학자인 에릭 에릭슨은 생애 주기를 8단계로 나누어 설명했다. 아동기(영아기, 유아기, 학령전기, 학령기), 청소년기, 청년기, 중년기, 노년기로 단계를 나누어 생애 주기를 설정했다.

에릭슨에 따르면, 우리는 각 단계마다 성장해야 하는 과제가 있다. 그 과정에서 대립되는 심리사회적 위기를 경험하게 되는데 예를 들면 영아기에는 주로 엄마와의 관계에서 신뢰감을 배운다. 하지만 적절하고 건강한 관계가 형성되지 못할 경우 불신이 자리 잡게 된다. 유아기에는 자율성을 배우게 되고 동시에 수치심과 의심도 함께 경험하게 된다. 취학 전 시기에는 자신의 활동에 주도성을 가지는 것과 동시에 도덕적 개념의 죄책감도 느끼게 된다. 초등학교 시기에는 학습 활동 능력을 높이고자 하는 근면성을 배우지만 동시에 성취하지 못했을 경우 열등감도 느끼게 된다. 청소년기에는 신체가 급격하게 성장하는 것에 비해 마음과 정신의 성숙도가 따라가지 못하는 시기다. 그래서 내가 누구인지에 대해 혼란을 경험하기도 하고 일탈 행위도 자주 발생한다. 이 시기에 가장 중요한 과제는 자아 정체성을 정립하는 것이다. 대학을 졸업한 이후 성인으로서 삶을 시작하는 청년기에는 자기 삶의 방식과 다른 다양한 생활 양식과 가치관을 지닌 타인과 관계를 형성해야 해서 친밀감을 갖는 것이 주요한 과제다. 그렇지 못했을 경우 배타적이고 고립감을 경험하게 된다. 중년기에는 가정과 사회에 대한 책임감과 부양의 의무를 지니는 시기다. 사회적으로 활발하게 자기 능력과 영향력을 보여 주어야 해서 생산성이 주요 과제가 된다. 부모로서 가정을 잘 돌보고 직장에서도 지위에 맞게 역량을 발휘했을 때 정서적으로 안정된 생활을 하겠지만, 그렇지 못할 때 좌절과 침체의 감정이 쌓이게 된다. 노년기는 65세부터 시작된다. 나중에 다루겠지만 의료 과학이 발전하고 평균 수명이 높아지면서 노년기가 차지하는 인구 비율이 급속도록 높아졌다. 2024년이면 우리나라도 초고령 사회[67]로 진입할 것으로 예상한다. 에릭슨이 처음 노년기를 생각할 때 평균 수명이 높지 않았기 때문에 80세 이하로 설정했다. 노년기에 가장 큰 특징은 죽음을 직면하는 시기라는 것이다. 주변에서 가까운 친구나 친척들이 하나둘 세상을 떠났다는 소식을 접하게 된다. 또한 노쇠한 자신의 상태를 보면서 죽음이 가까웠다는 사실을 느끼고 두려움과 불안한 감정을 경험하게 된다. 이 시기에 가장 중요한 것은 자기 인생에 대해 성취감을 느끼고 살아온 세월만큼 수많은 경험이 지혜를 형성하도록 하는 것이다. 그렇지 못하면 자신의 생애에 대해서 불만족스럽고 낙심이 될 수 있다.

이러한 에릭슨의 생애 주기별 과정은 우리가 어떻게 생애를 돌아보고 기록할지 좋은 도구가 될 수 있다. 에릭슨이 제시한 단계를 그대로 따르지 않아도 된다. 각 단계에서 우리가 공통으로 경험하는 상황과 사건들이 있다. 이 땅에서 살아가는 사람들의 보편적 삶의 여정이라고 해도 무방할 것이다. 하지만 공통적 상황과 사건들은 개인마다 독특하게 그 사람의 삶의 방향을 잡아가고 삶을 대하는 태도와 기질을 형성한다. 그래서 서사를 작성하기 위해서는 각 단계에서 사람들이 겪는 공통된 상황들을 설정하고 자신만의 경험을 기억하는 것이 좋다. 여기서는 영아기, 유아기, 학령전기와 학령기를 합쳐서 아동기로 설정했다. 그리고 부모 시기를 청년기와 중년기 사이에 추가했다. 부모 시기는 생애 주기 단계에 들어가지 않지만, 그때 사람들은 우리 인생의 가장 중요한 목표인 온전한 자아를 형성하는 특별한 경험과 지혜를 얻을 수 있다. 그리스도인들은 예수님과 연합하여 형성된 공동체를 통해 서로를 환대하고 사랑하며 회복과 치유를 경험한다. 그 과정을 통해서 하나님의 형상으로 빚어진다. 그렇듯 두 남녀가 한 몸을 이루고 서로 사랑하며 자녀를 낳고 기르는 것은 특별한 의미가 있다. 가정이라는 공동체를 통해서 우리는 인생의 중요한 서사를 만들어 낸다.

생애 주기별 과정을 참조할 때 견지해야 할 것은 죽음과 삶의 관점이다. 우리가 인생 여정을 이야기로 쓰는 것은 죽음 속에서 충만한 생명을 누리기 위함이다. 그러니까 죽음이 드리워진 세상 속에서 고통의 현실을 피할 수 없지만, 생명의 참 의미를 알고 그 풍성한 은혜를 누리는 지혜를 깨닫게 된다. 동시에 나의 이야기가 그렇게 살아온 수많은 사람의 이야기와 맞닿아 있어서 이들이 서로 연대하여 생명 공동체의 서사로 확대된다는 것을 드러내기 위함이다.

아동기

아동기에서 중요한 것은 우리가 태어난 환경과 가족이다. 생활 환경이 넉넉하고 좋은 부모와 형제자매들이 있는 가정에서 태어날 수도 있고, 반면에 깨어진 가정에서 태어날 수도 있다. 지금의 노인 세대는 많은 경우 생활 형편이 어렵거나 건강하지 못한 가정에서 태어났다. 또한 사회적으로도 격변기의 상황에서 가난과 정치적 불안과 전쟁을 겪어야 했다. 요즘 세대도 환경은 다르지만, 사회적 분위기와 가정 형편에 따른 상황은 별반 다르지 않다. 부유한 사회 환경에도 불구하고 여전히 경제적 위기와 궁핍함을 겪는 가정이 많다. 오히려 깨어진 가정에서 자란 이들도 많다. 안타깝게도 우리 사회의 이혼율은 점점 증가하고 있다. 부모의 갈등 관계를 겪으며 불안한 환경 속에서 자라난 자녀들이 많아지는 추세다. 하지만 많은 사람이 어렵고 힘든 가정 환경 속에서도 잘 살아왔다. 그리고 대부분 부모도 좋은 가정을 만들기 위해 애쓰며 살아가고 있다. 건강하고 행복한 가정에서 자라왔든지 아니면 깨어진 가정에서 자라왔든지 어린 시절의 경험들은 나의 인생에 강한 영향을 주었다. 중요한 것은 내가 지금 그 어린 시절을 어떻게 받아들이고 있는가에 대한 문제다.

어린 시절의 경험들은 어떤 것들이 있을까? 어떤 이들은 생명의 탄생을 먼 우주 어디선가 지구별로 오게 된 것으로 표현한다. 물론 그리스도인들은 하나님의 계획과 부모의 사랑으로 생명이 태어났다고 믿는다. 각자가 태어났을 때의 상황과 가족을 떠올리며 아동기의 여정을 기록하고 이야기를 만들어 보는 것이 좋다. 가장 먼저는 엄마와 아빠에 대한 기억들이 떠오를 것이다. 또한 형제자매들이 있다면 그 당시 그들의 상황과 나와의 관계가 어떠했는지도 기억할 것이다. 가족 전체의 분위기나 문화도 좋은 이야깃거리다. 가족 안에서 나의 존재가 어떠했는지를 기억하는 것은 현재의 나에 대해서 스스로 어떻게 생각하는지를 반영한다. 나의 경험으로 비추어 봤을 때 어린 시절에 경험했던 가족과 나의 관계는 자라 가면서 겪게 되는 사람들과 사회적 관계와 나의 기질에 상당한 영향을 끼쳤다. 가족뿐만 아니라 고향도 나의 어린 시절의 생활과 정서에 상당한 영향을 주었다. 고향에 관한 이야기도 이 시기에 겪었을 사회적 연대와 소속감에 대한 감수성을 상기하는 데 도움이 될 것이다. 가족과 고향에 관련된 사진이나 물건을 보면서 그때의 기억을 되새겨 보는 것도 좋을 것이다.

청소년기

청소년기에 중요한 것은 꿈, 학교, 친구들이다. 이 시기에는 또래 집단이나 학교 생활이 매주 중요하다. 우리가 경험한 우정에 관한 것, 친구들 사이의 예민한 감정이나 그들과 함께 꾸었던 꿈들을 떠올릴 수 있을 것이다. 특히 급격한 신체 변화와 통제되지 않는 감정들을 어떻게 이겨 냈는지도 좋은 이야깃거리다. 나의 청소년 시기도 그랬지만 부모로서 자녀들을 보면 청소년 시기의 중요한 관심사는 외모다. 나의 딸은 중학교 때부터 화장을 시작했고 네일 아트를 배우고 자신뿐만 아니라 친구와 주변 사람들에게 장식을 해 주었다. 그것이 취미가 되고 흥미를 갖더니 결국 미대에 진학했다. 이때 형성된 친구들과의 우정은 청년이 되어서도 이어진다. 오히려 사회적 관계가 힘들 때 중고등학교 친구들이 좋은 지지 그룹이 될 수 있다. 서로를 이해하고 믿어 주는 친구들을 갖는다는 것은 가족마저 해 줄 수 없는 삶의 의미를 줄 수 있다. 안타깝게도 우리 사회의 청소년 사망률 1위가 자살이다. 입시의 고통이 주요한 원인이라고 하지만 근본 원인은 친구들 관계에서 일어나는 경우가 많다. 학교 폭력은 중요한 문젯거리다.

　연령대에 따라 청소년 시기를 기억하는 그 시절의 문화가 다를 것이다. 우리 자신에게 좋은 영향을 주었던 유익한 경험만이 있었다면 좋겠지만 잊고 싶은 나쁜 경험도 있을 것이다. 우리의 인생 서사에는 두 경우 모두 중요한 경험이며 어느 경우에는 내가 살아갈 힘과 용기의 기반이 되기도 하지만, 다른 경우에는 지금까지도 치유되지 않는 깊은 상처로 남아서 고통을 준다.

　청소년기는 많은 부분, 학교에서 벌어지는 사건들이 자신의 이야기를 차지할 것이다. 특히 학교 생활에서 친구들과의 관계가 중요한 관심사이고 이들과 누렸던 우정이 나의 인생에 중요한 부분을 차지할 것이다. 또한 또래 그룹에 끼지 못하거나 외면 당했던 아픈 기억들과 자신의 무기력한 모습들이 떠오를 것이다. 충분히 지지를 받을 수 없었던 가족 상황과 동시에, 반대로 나의 꿈을 펼치도록 지지 기반이 되었던 가족의 이야기도 서사가 될 수 있다. 물론 학업과 대학 진학에 관한 이야기는 빼놓을 수 없을 것이다. 일찍부터 신앙생활을 해 왔던 이들은 교회 주일 학교에 대한 추억이 많다. 나이가 있는 이들은 '문학의 밤' 행사를 떠올릴 것이다. 그 행사를 준비하면서 배웠던 찬양, 악기, 연기가 계기가 되어 직업이 된 경우도 많다. 현재의 나를 형성하는 데 영향을 주었던 그 시절의 경험을 기억하며 이야기를 만들 수 있을 것이다.

청년기

청년기에 중요한 것은 진로, 취업, 연예 등이다. 청년기는 무엇을 하며 살아가야 하고, 어떻게 살아야 인생을 잘 살아가는 것일지를 고민하는 시기다. 지난 2022 대선을 앞두고 중앙선거관리위원회가 전국 1,600명을 대상으로 정책 이슈 키워드에 관한 설문조사를 했는데 그중 20대는 고용과 노동, 그리고 주거 문제에 관해 가장 큰 관심을 보였다고 한다. 청년 시절의 직업은 어느 시대를 막론하고 중요한 관심사다. 현재의 70세 노인을 기준으로 한다면 우리 사회는 경제 개발이 한창이었을 때 많은 청년이 도시로 몰려들면서 제조업 공장에서 일했을 것이라 짐작된다. 내가 부산에서 고등학교 다닐 때 몇몇 고향 친구들은 진학을 하지 못하고 사상공단에서 일을 시작했다. 대학에 들어간 친구들도 단지 4년의 시간이 유보되었을 뿐 취업하고 살아갈 집을 구하는 것이 매우 중요한 관심거리였다. 동시에 연애는 중요한 관심사였다. 연애하면서 누렸던 행복과 헤어지면서 겪었던 가슴앓이도 있었을 것이다. 결혼하고 가정을 꾸리는 과정에서 많은 일을 겪기도 했을 것이다. 하지만 오늘날 청년의 결혼은 그 시대와는 다르게 해석된다. 결혼 연령대가 늦춰진 것은 말할 것도 없고, 비혼주의를 선택하는 층이 늘고 있다.[68] 반드시 결혼을 선택해야 하는 생각에서 벗어나 평생 혼자 살아도 괜찮다는 생각을 가지게 된 것이다. 우리 사회의 다양한 변화가 이러한 현상을 빚고 있다.

청년기에는 진로 선택과 직장에 관한 고민이 많을 것이다. 어떤 계기로 직업을 구하게 되었는지, 다녔던 회사의 분위기나 동료들 간 특별한 사건이 이야기에 담길 수 있다. 또한 대학에 진학했을 경우 전공에 대한 고민과 취업을 위해 애썼던 힘든 시기, 그리고 취업 후 내적 갈등과 이직 등 다양한 경험을 하게 된다. 연애에 대한 추억들은 인생의 아름다운 이야기를 구성하기도 하고 결혼까지 이어지지 못했을 때의 힘들었던 경험도 아련한 기억으로 자리 잡고 있을 것이다. 청년 시절에는 많은 도전과 시도를 해 보지만 우리를 좌절하게 만드는 여러 벽을 경험하게 된다. 그것이 개인의 문제이든 사회 구조의 문제이든 아픈 현실임은 틀림없다. 그런 현실 앞에서 나는 얼마나 주체적이고 능동적인 존재로 살았는지, 아니면 시대의 조류에 편승하여 안전을 쫓아 살았는지 생각해 보는 것도 좋을 것이다. 청년 시절의 이런 경험들이 지금의 나에게 어떤 의미로 다가오는지 성찰해 보거나 더 중요

한 자신의 존재 가치가 무엇인지 진지하게 돌아보는 것이 중요
하다.

부모 시기

부모 시기에는 결혼 과정이나 출산, 부모가 되는 것 등에 관한 고
민과 갈등이 중요한 문제다. 부모 시기는 청년기와 중년기에 걸
쳐 있는 우리 인생의 중요한 삶의 형태라고 볼 수 있다. 성경은
사랑하는 남녀가 한 몸이 되어 가정을 이루는 일을 창조의 언약
이라고 가르친다. 전혀 다른 삶을 살아온 두 사람이 서로 연합하
여 하나가 되는 일은 신비에 가깝다. 그리스도인들은 이 신비를
경험하면서 하나님의 성품을 배우며 성숙해져 간다. 그러므로 부
모가 되는 일은 용납과 인내의 사랑을 자녀에게 가르치는 존재
가 되는 것을 의미한다. 그래서 자녀 양육은 사랑의 전수다. 삼위
하나님이 서로 사랑하여 그 사랑 안에 우리 그리스도인들을 초
대하듯이(요 17:21-26) 부모는 그 사랑을 잘 배우고 누리는 모습
을 자녀들에게 보여 주어야 한다.

부모 시기에는 가정을 이루고 자녀를 낳고 양육하는 일에 대
해서 할 이야기가 많을 수 있다. 우선 연애 과정과 아름다운 추억
들을 이야기 안에 담을 수 있다. 자녀를 출산했을 때의 기쁨과 양
육하면서의 어려움은 머리보다 가슴속에 간직되어 있을 것이다.
이 시기를 돌아보면서 성찰해야 할 중요한 것은 '부모 됨'이다.
부모가 된다는 것이 무엇이고 나는 어떤 부모가 되었고 지금의

나는 어떤 부모로 기억되고 있는가? 자녀들을 양육하면서 하지 말아야 할 말들과 행동들 때문에 속상했던 경험들과 갈등들, 반면에 자녀들 덕분에 즐겁고 보람 있었던 일들을 생각하며 미안하고 고마운 감정들을 담아 자녀들에게 편지를 쓰는 것이 필요하다. 우리는 부모가 되어서야 비로소 우리의 부모가 어떻게 살아왔는지 그들의 마음은 어떠했는지를 이해하게 된다. 그렇게 깨달았던 부모의 삶과 마음을 담아 부모님에게 감사의 편지를 써도 좋다. 편지를 쓰는 것은 그동안 풀지 못한 섭섭하고 서운한 감정들을 내려놓을 수 있는 아주 좋은 기회가 될 것이다. 서로에게 편지를 전달하면서 이야기를 나누다 보면 놀라운 용서와 화해를 경험하게 될 것이다. 가장 큰 생명의 풍성함은 용서와 화해를 통해서 온다.

중년기

중년 시기에는 다양한 일과 경험을 통해 삶의 안정을 찾기도 하지만 가정과 사회에서 중요한 역할을 담당해야 하는 무게가 동반한다. 그동안 수고와 고생을 바탕으로 안정적 삶의 기반을 잡았을 것이다. 이 시기는 일의 성취감을 얻게 되고 안정적 생활을 근거로 자신만의 쾌락을 추구하기도 한다. 반면에 이른 퇴직이나 여러 사업의 실패로 경제적 위기나 부부 관계의 위기까지 찾아오기도 한다. 더욱이 중년의 후반부에는 일터에서 물러나야 하는 상황과 퇴직 이후의 삶을 고민해야 한다. 또한 성인이 된 자녀와의 관계와 자녀들의 결혼 또는 노부모 돌봄 등 청년 때와는 다른 묵직한 책임감이 아직 남아 있다. 50대 전후의 사람들이 서로 만나게 되면 공통된 이야기가 있는데, 바로 자녀들과 부모에 관한 일들이다. 자녀 양육에 대해서는 힘들고 비용이 많이 든다는 이야기를 하지만 기대와 희망을 가지고 있다. 반면에 부모에 대해서는 차마 말로 표현하지 못하는 부담스러운 마음을 드러낸다. 나의 50대 지인들의 대부분은 양가 부모님의 몸 상태를 걱정하고 돌봄이 힘들다는 이야기를 많이 하곤 한다.

중년기에는 가정에서나 사회에서 기대하는 역할과 책임이 있다. 이제 장성한 자녀들과의 관계가 새로운 국면으로 접어든다. 자녀들의 취업과 결혼 문제, 자녀와의 갈등 등이 모든 책임을 내가 짊어져야 하는 것처럼 무겁게 느껴진다. 일터에서 맡은 역할과 주어진 지위에 걸맞은 책임을 져야 한다. 아마도 경제적 문제가 여러 관계를 원만하게 푸는 해결책이 되기도 하고 갈등을 일으키는 걸림돌이 되기도 할 것이다. 부부 관계에서도 애정이 깊어지면 좋겠지만, 그와 반대로 서로 이해하지 못한 어긋난 감정 등이 쌓여서 심각한 갈등을 겪거나 결국 헤어지는 경우가 발생한다. 이 시기에 가장 견디기 힘들었던 사건과 고통스러운 경험은 무엇이었는가? 그때의 감정은 어떠했는가? 당시의 나는 스스로에 대해 어떻게 생각하고 있었을까? 과거의 기억들을 떠올리는 일이 고통스러울 수도 있다. 하지만 중요한 것은 생명의 의미를 깨닫고 나의 존재를 있는 그대로 받아들이는 것이다. 앞으로

부록: 인생 서사 쓰기

살아갈 날이 남아 있다. 삶의 마무리가 중요하다.

노년기

노년의 시기는 죽음을 준비하는 것과 더불어 온전한 자아를 완성하고 초월하는 일에 관심을 가지고 애쓰는 것이 중요하다. 이 시기에 관한 서사를 쓴다면 아마도 과거형보다는 현재진행형이나 미래의 마무리를 위한 이야기가 주로 담길 것이다. 무엇보다 노년기에는 어떻게 하면 삶을 잘 마무리할 수 있을지에 초점을 맞추어 이야기를 써 내려가는 것이 좋다. 일차적으로는 늙어서 노쇠한 자신의 신체 변화를 인정하는 글이라든지, 이런 변화에 대비해서 어떤 노력을 하고 있는지에 대한 활동에 관해 쓸 수 있다. 더불어 지나온 과거의 인생 여정을 앞서 언급한 생애 주기에 따라 차곡차곡 정리하여 글로 남기는 것이 중요하다. 서사 작업을 통해서 인생의 소중한 가치를 발견하고 이루지 못했던 일들을 지금 시도해야 한다. 그중에는 가족과의 관계를 회복하는 일도 있을 것이고, 자기 자신을 위해 버킷리스트를 작성해서 실천하는 일도 있을 것이며, 사회를 위해 재산을 기부하거나 봉사하는 일도 있을 것이다. 이런 과정을 통해 해야 할 가장 중요한 것은 그동안 거쳐 왔던 삶의 모든 여정을 소중히 여기고 그렇게 살아왔던 자신을 용납하고 인정하는 일이다. 머지않아 다가올 죽음 후에는 완전한 생명의 나라에서 온전한 나로 부활할 것을 소망하며 죽음의 순간까지 생명의 삶을 살아 내는 것이 마지막 여정에서 해야 할 중요한 일이다. 혹여 기력이 없다면 마무리 이야기는 자녀들이 대신 기록해도 좋다.

간략하게 생애 주기별로 기억하면서 성찰해야 할 중요한 내용들을 다루어 보았다. 쇼펜하우어Arthur Schopenhauer는 "일생의 처음 40년 동안은 본문을 제공하며 그것에 뒤이은 30년 동안은 주석을 제공한다"고 말했다. 주석이 본문을 잘 해석하고 이해할 수 있게 돕듯 우리의 인생은 자기 성찰의 서사를 통해서 해석되고 의미가 부여된다. 어린 시절부터 일기를 쓰면서 자기 서사를 기록하는 법을 배우겠지만, 인생의 초반기에는 주석보다는 본문이 많은 시기다. 그래서 노년 시기에 다룰 것이 많을 것이다. 그동안 살아온 인생의 긴 여정만큼 이야깃거리가 많고, 죽음을 잘 맞이하기 위해 당장 준비해야 할 일이 많기 때문이다. 노년 이전의 시기는 죽음을 준비하는 것도 중요하지만 인생의 종착역을 항상 기억하며 인생에서 무엇이 가장 중요한지를 깨닫고 이제는 그 중요한 것을 놓지 않고 살아가는 일에 중점을 두는 것이 좋다. 이 외에도 개인의 특별한 사건이나 독특한 경험들이 있을 것이다. 지금 나의 삶에 많은 영향을 주었던 특별한 사람에 관한 이야기도 서사에 넣을 수 있을 것이다. 핵심은 우리가 현재 얼마나 살고 어떤 인생을 겪었든지 간에 그동안의 일들을 기록하면서 반드시 그리스도 안에서 그 일들을 해석하고 의미를 부여하는 작업이 필요하다. 걸어온 발자취의 의미가 꿰어지면 보석 같은 아름다운 인생 서사가 완성되어 우리 자신만의 존재 가치가 밝히 드러나게 될 것이다. 우리는 이 보석을 가지고 죽음 후에 하나님 앞에 서게 될 것이다.

에필로그

나는 이 책에 목회 경험과 한림대학교 생사학 박사 과정 중 배우고 묵상한 내용을 담았다. 그리고 노인복지관의 시니어들에게 강의를 하며 느낀 것들을 덧붙였다. 젊고 건강했을 때는 나에게 죽음이 닥칠 것이라고 전혀 생각하지 않았다. 주변 이웃들의 죽음을 그저 그들의 사건으로 바라볼 뿐, 공감하는 것에 익숙하지 않았다. 목회자로 집례했던 장례는 슬픔의 무게가 깊게 다가오는 경우도 있었지만, 대부분 직업적 일로 여기며 담담하게 인도했던 것이 사실이다.

하지만 시간이 흘러 나 또한 나이가 들고 가장 사랑했던 부모님의 임종을 경험하면서 죽음은 나의 사건으로 훌쩍 다가왔다. 노인복지관과 요양원에서 일을 하면서부터는 죽음에 직면한 노인들의 연약하고 고통스러운 모습을 마주하면서 불현듯, 죽음이란 우리 삶의 감출 수 없는 동반자라는 사실을 알게 되었다. 나는 죽음에 대해 두려워하기보다, 그것에 대해 더 알고 싶었다. 공부를 하면 할수록 죽음의 의미가 다르게 해석되었고 결국 어떻게 살아야 할지 고민하는 삶의 묵상으로 이어졌다.

어떻게 보면 죽음은 실상이 없다. 내가 죽음을 겪어 보지 않았고 죽기 전까지 살아 있기 때문이다. 우리에게 죽음은 결국 죽어 가는 과정에서 경험하는 두려움과 고통의 감각일 따름이다. 하지만 기독교는 이러한 육체적 죽음과 더불어 훨씬 넓고 깊은 의미에서 죽음을 다룬다. 나는 이 책에서 죽음의 근원적 의미와 죽음이 만들어 놓은 깨어지고 고통스러운 세상의 실상을 밝힐 뿐만 아니라, 그것을 넘어서는 생명이 충만한 새로운 세상에 대한 소망을 담고자 했다. 죽음은 삶의 현실 속에서 공존하고 있다. 그래서 우리는 고통받는 존재로서 실존을 살아간다. 죽음의 고통은 나로부터 시작해서 타인과 이웃에게로 확대된다. 죽음을 포용하는 생명에 관한 이야기와 그 이야기에 참여하는 생명 공동체의 서사가 기독교 생사학에서 빼놓을 수 없는 중요한 요소가 될 것이다. 우리의 인생 여정이 노년에 이르러 거룩한 존재의 아름다운 결말로 이어지기 위해서는 생명 공동체에 속한 자신만의 독특한 서사가 필요하다.

나의 글이 세상에 나올 즈음, 한강 작가가 노벨문학상을 받았다. 온 나라가 들썩였다. 그 배경에는 제주의 4.3사건과 5.18광주민주화항쟁의 서사 속 고통받는 인간이 있었다. 미천한 내가 대작을 평가한다는 것이 마뜩지 않지만, 삶과 죽음의 양면성(생사학적 관점)에서 본다면 죽음의 현실을 넘나드는 고통스러운 삶에서 잉태한 생명의 열매가 아닐까 생각해 본다. 마찬가지로 기독교에서 말하는 죽음은 결국 생명의 열매를 맺기 위한 토양이다. 나의 글을 읽다 보면 그 해답을 정답처럼 밝히는 것 같아 보이지만, 끝내 답을 찾아가는 것은 해석자의 몫이다.

이 책이 나오기까지 고통의 수고를 함께 해 온 가족과 공동체 가족에게 감사를 드린다. 늦은 나이에 공부한답시고 애쓰는 남편을 불쌍히 여기고 묵묵히 가정을 돌본 아내와 있는 듯 없는 듯 각자 할 일 알아서 잘하고 있는 세 자녀들, 진짜 걱정이 되어서 기도를 많이 해 주시는 형님과 누님 가정들, 힘든 이민 생활에 만나 지금은 흩어져 있지만, 여태껏 영적 버팀목이 되어 준 바우의 동지들과 이들을 대표해서 추천의 글을 써 준 박총 형제, 기독교 생사학 박사 과정의 논문을 지도하면서 이 책의 철학적 통찰을 주신 장태순 교수님, 소그룹 공동체의 생명력을 경험하게 한 나들목 공동체와 김형국 목사님, 흔쾌히 이 책의 출판을 허락한 뜰힘의 최병인 대표에게 감사의 인사를 드린다.

내 책장에는 납골당에 모실 때 만들었던 아버지의 위패가 세워져 있다. 지금은 현충원에 아버지와 어머니가 함께 누워 계신다. 늘 기도하시고 찬송을 부르시던 어머니의 모습이 생생하다. 죽음의 광야에서 생명을 살아 내신 두 분을 기리며 하나님께 감사한다.

주

1 김균진은 죽음 이후 인간에 대한 다양한 신학자들의 견해를 소개하면서 삶의 과정에서 형성된 "인격 곧 자아가 그리스도 안에서 잠자는 상태"라고 설명한다. 김균진, 『죽음과 부활의 신학』 (서울: 새물결플러스, 2015), 396.

2 슐라이어마허는 죽음이란 그 자체가 악한 것도, 하나님의 벌도 아니라 유한한 인간 존재의 시간적 한계이며 자연적 끝이라고 주장한다. 또한 칼 바르트는 인간의 탄생이 "비존재로부터 존재로의 넘어옴"이라면 죽음은 "존재로부터 비존재로의 넘어감"이라고 설명하며 죽음을 자연으로 설명한다. 김균진, 『죽음과 부활의 신학』, 247.

3 김균진, 『죽음과 부활의 신학』

4 마르틴 하이데거, 『존재와 시간』, 전양범 옮김 (서울: 동서문화사, 2016).

5 곽혜원은 죽음을 가리켜 "공격적인 힘으로 본래 생명에 속했던 영역들을 확장해 나감으로써 생명의 영역에 끊임없는 위협과 침략"이

라고 설명한다. 곽혜원, 『존엄한 삶, 존엄한 죽음』 (서울: 새물결플러스, 2014), 173.

6 전체 인구의 20% 이상이 65세 이상 노인이 차지하고 있는 사회를 말한다. 통계청 자료에 의하면 2023년도 65세 고령 인구는 현재 9,499,933명으로 18.4%의 비중을 차지하고 있다.

7 자살예방백서(2022)에 따르면 2019년도 우리나라가 OECD회원국 중 10명당 자살수가 4.6명으로 가장 높다. OECD 평균은 11명이다.

8 Antoon A. Leenaars, Ronald W. Maris, Yoshitomo Takahashi, Suicide (NewYork: The Guilford Press, 1997).

9 찰스 A. 코르, 도나 M. 코르, 『현대 생사학 개론』, 한림대학교 생사학연구소 옮김 (서울: 박문사, 2018), 545.

10 강준혁, 이혁구, 이근무. "자살관념 극복에 관한 연구: 자살 고위험집단을 중심으로." **보건사회연구** 35, 3 (2015): 103-34.

11 한국생명존중희망재단, 『2022 자살예방백서』 (서울: 한국생명존중희망재단, 2022), 166. 통계청이 전국 27,336 가구를 대상으로 시행한 사회 조사(2020)를 보더라도 경제적 이유가 가장 높았다. 이 조사에서는 자살 충동이 있었다는 응답이 5.2%에 달했고 그 이유는 경제적 어려움이 38.2%로 가장 높았고 그 뒤로 신체적, 정신적 질환, 장애가 19%, 외로움과 고독이 13.4%, 가정 불화와 직장 문제가 나타났다.

12 고승은, "왜 '송파 세 모녀' 비극은 반복되나? '선별 지급'은 멍청한 짓! (feat. '조선일보' 따라간 이낙연·정세균·홍남기)", 뉴스프

리존 인터넷 기사, https://www.newsfreezone.co.kr/news/articleView.html?idxno=311041.

13 윤일홍, 권해수. "Joiner의 대인관계심리이론에 근거한 군자살 예방 정책." **한국공안행정학회보** 29, 4(2020): 109-132.

14 이종길에 의하면 무망감은 "미래에 대한 부정적인 생각 즉, 자신이나 어느 누구도 불행이나 고통을 변화시키기 위하여 아무것도 할 수 없고 이루어지지 않을 것이라는 신념"이다. 이종길. "청소년 자살의 원인과 실태 및 해결 방안연구." **윤리연구** 72(2009): 31-50.

15 예를 들어 지역별로 농촌 지역에서 의외로 자살율이 높게 나타나고 있는 것을 발견했다. 그 원인을 조사해 보니 농약을 마시고 자살한 경우가 많았는데 쉽게 농약을 구할 수 있다는 것이 가장 큰 요인 중 하나라는 것을 발견하고는 농약 보관에 대한 계도에 나섰다. 그 이후 자살율이 상당히 줄게 되었다.

16 플라톤, 『소크라테스의 변론 / 크리톤 / 파이돈 / 향연』, 천병희 옮김 (고양: 숲, 2012), 128.

17 김충렬, 『기독교인이 왜 자살하는가?』 (서울: 한국상담치료연구소, 2009), 60.

18 조르주 미누아, 『자살의 역사: 자발적 죽음 앞의 서양 사회』, 이세진 옮김 (서울: 그린비, 2014), 52.

19 기원전 43년에는 19명, 이듬해는 16명이 자살했고 기원후 65년에는 16명, 66년에는 12명이 자살했다고 한다. 그들은 주로 칼로 자신을 찌르거나 동맥을 끊었는데 로마 역사가들은 이들의 죽음을 영웅

적이며 지고한 자유로 해석하고 찬미한.

20 조르주 미누아, 『자살의 역사: 자발적 죽음 앞의 서양 사회』, 이세진 옮김 (서울: 그린비, 2014), 90-91.

21 조르주 미누아, 『자살의 역사』, 55.

22 토마스 모어의 『유토피아』 나 몽테뉴의 『수상록』이 그 대표적 사례 다. 몽테뉴는 수상록에서 자살 사례와 자살을 칭송한 글들을 인용했 다. 또한 존 던은 『자살론』에서 자살은 능동적 죽음의 형태이며 신 을 만나고 내세를 경험할 수 있는 기대감을 가질 수 있게 한다고 설 명했다.

23 신원하, "'용서받을 수 없는 죄'? 자살과 구원의 관계에 대한 개 혁 신학적 연구", 코람데오닷컴 인터넷 논문, https://www. kscoramdeo.com/news/articleView.html?idxno=4666.

24 이태하. "흄의 자살론." 철학연구 78(2007): 31-50.

25 이정영. "자살의 광기와 정치적 욕망: 존 던의 『자살론』 읽기." 고전 중세르네상스영문학 22, 1(2012): 113-133.

26 자살에 대한 형벌은 재산몰수형, 시체모독형 등이 있었다. 조르주 미누아, 『자살의 역사』, 306-307.

27 데이비드 필립스가 1974년 American Sociological Review에 게재한 자신의 논문에서 '베르테르 효과(Werther effect)'라는 말 을 처음 사용했고 이후 유명인들의 죽음(자살)에 동조하여 자살 시 도가 잇따른 사회현상을 일컫는 용어가 되었다.

28 김충렬, 『기독교인이 왜 자살하는가?』, 104.

29 교황 요한 바오로 2세는 1995년에 "생명의 복음"이라는 회칙을 발
    표하여 하나님이 주신 생명의 가치를 천명하고 자살을 타살과 마
    찬가지로 받아들일 수 없는 것으로 설명했다(『생명의 복음』CBCK.
    2006).

30 곽혜원, 『자살문제: 어떻게 할 것인가?』 (서울: 21세기교회와신학포
    럼, 2011), 148.

31 성경에서 기록된 자살자는 일곱 사람이다. 사사 기드온의 아들 아
    비멜렉(삿 9:50-56), 삼손(삿 16:28-31), 사울 왕(삼상 31:1-13), 사
    울의 무기를 든 사람(삼상 31:5), 다윗의 모사였던 아히도벨(삼하
    17:23), 왕이 된 지 7일만에 죽은 시므리(왕상 16:15-18), 가룟 유다
    (마 27:3-10).

32 성경에서 자살(또는 자결)이라는 단어가 나오는 곳은 단 두 곳이다.
    예수께서 "내가 가는 곳에 너희는 올 수 없다"라고 말하자, 그 말을
    듣고 있던 유대인들이 "그가 자살하겠다는 말인가?"라고 했다는 기
    록(요 8:21-22)과 또 하나는 바울이 갇혀 있었던 빌립보 감옥의 간
    수가 칼을 빼 자결하려고 했다(행 16:27)는 기록이다.

33 김충렬, "병리적 자살과 상담치료적 대응-상담학의 관점에서." **신학
    과 실천** 26, 2(2011).

34 김충렬, 『기독교인이 왜 자살하는가?』, 105.

35 곽혜원, 『자살문제: 어떻게 할 것인가?』, 147.

36 루이스 벌코프,『조직신학』, 이상원, 권수경 옮김 (서울: 크리스천다 이제스트, 2017), 936.

37 아우구스티누스는 신플라톤 철학의 영향을 받아 육체와 영혼이 분리되었다고 생각했다. 반면에 토마스 아퀴나스는 인간의 인격은 육체와 영혼이 분리되지 않는 단일체라고 주장한다. 단지 인간이 죽게 되면 불완전한 상태로 영혼이 분리되지만 예수님의 재림 때에는 몸이 부활하여 영혼과 재결합된다고 말한다.

38 케네스 리치,『사회적 하나님』, 신현기 옮김 (서울: 청림출판, 2009).

39 창세기 15장에서 하나님과 아브라함이 언약을 맺으신 의식으로서 동물의 몸을 쪼개서 약조를 맺는다는 의미. 히브리어에서는 언약을 '쪼개다'라는 동사를 써서 표현한다.

40 케네스 리치,『사회적 하나님』

41 마르틴 부버,『나와 너』, 표재명 옮김 (서울: 문예출판사, 1997), 167.

42 인류학자 김현경은 사람들 사이의 관계에서 주어지는 사람으로 인정받을 권리(성원권)는 공적 장소와 사적 장소를 허용하는 환대를 통해 공정하고 온전한 사회를 이룰 수 있다고 설명한다. 김현경,『사람, 장소, 환대』 (서울: 문학과지성사, 2015). 예수님은 기약 없이 장소를 잃어버린 약자들에게 신의 자리를 내주었다.

43 『위대한 개츠비』(The Great Gatsby)는 미국의 작가 F. 스콧 피츠제럴드가 1925년에 출판한 소설이다. 2013년에는 레오나르도 디카프리오가 개츠비 역으로 주연한 영화로도 만들어졌다. 백만장자인 개츠비는 매일 밤마다 자신의 대저택에 수백 명의 사람을 초대해

축제를 열었다. 그가 사망하자 아무런 생각이 없는 '부엉이 눈'이라는 사람 외에는 그의 장례식을 찾은 이가 아무도 없었다.

44 가타다 다미미, 『나는 너를 용서할 수 있을까』, 오시연 옮김 (서울: 이어달리기, 2018).

45 김영봉은 아브라함 요수아 헤셸의 『안식』, 김순현 옮김 (서울: 복 있는 사람, 2007)의 추천사에서 안식일은 존재론적 만남이 이루어지는 시간의 성소라고 덧붙였다.

46 아브라함 요수아 헤셸, 『안식』, 81.

47 폴 스티븐스, 『나이듦의 신학』, 박일귀 옮김 (서울: CUP, 2018), 75.

48 루키우스 안나이우스 세네카, 『어떻게 죽음을 맞이할 것인가?』, 김현주 옮김 (서울: 아날로그, 2021), 55.

49 OECD가 최근 공개한 '한눈에 보는 연금 2023' 보고서를 보면 2020년 한국의 노인 빈곤율(66살 노인 인구 중 가처분소득이 전체 인구 기준중위소득의 50% 이하)은 40.4%로 37개 회원국 중 가장 높았다. OECD 회원국의 평균 노인빈곤율은 14.2%로 한국의 3분의 1정도다. 우리나라 76세 이상 노인 빈곤율은 52% 정도로 높다. 천호성, "66살 이상 한국노인 40% '빈곤'…또 OECD 1위", 한겨레 인터넷 기사, https://www.hani.co.kr/arti/society/rights/1120984.html.

50 위의 한겨레 기사에 따르면 프랑스, 그리스, 룩셈부르크, 노르웨이, 스페인은 노인 빈곤율이 오히려 전체 빈곤율을 밑돌았다며, 우리나라와 큰 차이가 나는 것은 빈약한 연금이라고 지적한다.

51 엘리자베스 퀴블러 로스는 말기암 환자들이 보인 반응을 부정, 분노, 협상, 우울, 수용으로 설명한다. 엘리자베스 퀴블러 로스, 『죽음과 죽어감』, 이진 옮김 (파주: 이레, 2008).

52 2003년에 연세대학교는 사망한 사회 사업가로부터 120억원 가량의 재산을 기부받았는데 유언장에 날인이 없다는 이유로 유족들로부터 예금반환소송을 당해 패소했다.

53 유튜브 동영상, https://youtu.be/WhUKLcOvm9c.

54 박국희, "보라매병원 사건 이후… 집에서 죽고싶다는 환자, 퇴원 못시켜", 조선일보 인터넷 기사, https://www.chosun.com/site/data/html_dir/2014/09/04/2014090400346.html.

55 "모든 국민은 인간으로서 존엄과 가치를 가지며, 행복을 추구할 권리를 가진다. 국가는 개인이 가지는 불가침의 기본적 인권을 확인하고 이를 보장할 의미를 진다."

56 국립 연명 의료 관리 기관의 웹사이트(https://www.lst.go.kr)를 방문하면 자세한 안내를 받을 수 있다.

57 김영화 외 7명, 『죽는 게 참 어렵습니다』 (서울: 참언론 시사IN북, 2021).

58 소극적 안락사와 조력 자살과 비교하여 적극적 안락사는 타인에 의한 살인의 조건을 적용하게 되며 범법 행위에 해당한다. 아무리 고통스럽다고 하더라고 고통 제거를 수단으로 적극적 안락사를 하는 것은 생명보호원칙을 상쇄할 수 없다.

59 JTBC 방송 조사에 따르면 2021년에 한국인 104명이 스위스에서 안락사를 희망하고 있다. 유튜브 동영상, https://www. youtube. com/watch?v=AzagRrAi-pY&t=1237s&ab_ channel=JTBCNews.

60 건강의 집 대표 원장인 홍종원 씨는 인터뷰에서 "이 상태가 침해되지 않고 존중받아야 하며, 희망이 없어 보여도 살아가야 하고 또 살아갈 수 있어야 건강"하다고 말했다(『죽는 게 참 어렵습니다』, 135).

61 레이먼드 A. 무디 주니어, 『다시 산다는 것』, 주진국 옮김 (서울: 행간, 2007), 127.

62 김은수는 그의 논문 "칼빈의 영혼불멸 교리와 개인종말론에 대한 소고." **칼빈연구** 5(2008)에서 죽음과 마지막 부활 사이의 기간(중간상태)에 영혼이 잠잔다고 하는 '영혼 수면설'은 종교개혁 당시에 몇몇 재세례파가 주장했고 제5차 라테란공의회(1513)에서 정죄되었지만 여호와의 증인, 제칠일안식일예수재림교회는 이 교리를 포기하지 않았다고 설명한다.

63 손봉호, 『고통받는 인간』 (서울: 서울대학교 출판부, 1995), 42.

64 팀 켈러는 탕자를 설명하는 'prodigal'이라는 형용사를 하나님께 적용하여 사랑과 자비에 너무나도 헤픈 아버지로 묘사하고 있다. 팀 켈러, 『탕부 하나님』, 윤종석 옮김 (서울: 두란노, 2016).

65 손봉호는 우리의 실존을 고통 속에 살아가는 존재로 본다. 손봉호, 『고통받는 인간』

66 유성호, 『나는 매주 시체를 보러 간다』 (파주: 21세기북스, 2019),

259.

67 초고령 사회는 인구 대비 65세 이상 노인 인구의 비율이 전체 인구
의 20%를 넘어서는 사회를 말한다.

68 통계청의 '2020년 인구주택총조사'에 따르면 30대 미혼 인구 중 남
자가 50.8%, 여자가 33.6%에 달했다. 또한 40세를 기준으로 여성
의 생애 비혼율은 1944년생은 1.24%에 불과했는데 1974년생은
12.07%로 30년 전에 비해 10배로 높아졌다.

죽음 사회 너머

1판 1쇄   인쇄 2024년 11월 15일
1판 1쇄   발행 2024년 11월 18일

지은이   김성민

발행처   도서출판 뜰힘
발행인   최병인
편집   최병인
디자인   이차희
등록   2021년 9월 13일 제 2021-000037호
이메일   talkingworker@gmail.com
인스타그램 instagram.com/ddeulhim
페이스북   facebook.com/ddeulhim

ISBN 979-11-979243-6-1 03230

뜰힘은 아래를 향하는 힘에 반하여 위로 뜨려는 힘입니다.